C O L E C C I Ó N
ESTACIONES

La **Colección Estaciones** surge como el intento de poner en primer plano el trabajo de una serie de poetas argentinos de primera línea, que a pesar de tener una obra consolidada siguen siendo difíciles de asimilar.

Se trata de poéticas excéntricas respecto de cierto consenso –siempre cambiante y coyuntural por otra parte– y de la expectativa de lo que se sobreentiende como poético.

Los autores que la integran nacen en general a partir de los años sesenta (o poco antes) y el grueso de su obra ha sido publicada entre la última década del siglo pasado hasta la actualidad.

A N T O L O G Í A
P O É T I C A

D I R I G I D A   P O R
CARLOS BATTILANA
M A R I O   N O S O T T I

Williams, Ariel
Cómo se inventa una orfandad : Antología de la poesía de Ariel Williams / Ariel Williams - 1a
ed. - Barcelona / Ciudad Autónoma de Buenos Aires : Miño y Dávila editores, 2023. - Selección:
Marcelo Daniel Díaz y Ariel Williams - Prólogo y entrevista: Marcelo Daniel Díaz
244 p. ; 23 x 15 cm. -

BISAC: [POE005070] POETRY / American / Hispanic American
         [LIT014000] LITERARY CRITICISM / Poetry

WGS: [150] / Belles-lettres / Lyric poetry, drama
         [151] / Belles-lettres / Lyric poetry

THEMA: [DCF] Poetry by individual poets
         [DCC] Modern & contemporary poetry (c 1900 onwards)

ISBN 978-84-19830-57-9 / e-ISBN: 978-84-19830-58-6
Depósito Legal: M-3546-2024

           Edición: Primera, Marzo 2024
Lugar de impresión: Buenos Aires, Argentina / Barcelona, España
Diseño y composición: Gerardo Miño

MIÑO y DÁVILA
• E D I T O R E S •

Dirección postal: Tacuarí 540 (C1071AAL), Ciudad de Buenos Aires, Argentina
                             c/López de Hoyos 15 (28006), Madrid, España
Teléfono de contacto: (54 11) 4331-1565
Correo electrónico: administracion@minoydavila.com
Página web: www.minoydavila.com
Redes sociales: @MyDeditores, www.facebook.com/MinoyDavila

ARIEL WILLIAMS

CÓMO SE INVENTA UNA ORFANDAD

ARIEL WILLIAMS

CÓMO SE INVENTA UNA ORFANDAD

Selección, prólogo y entrevista:
Marcelo Daniel Díaz

MIÑO y DÁVILA
EDITORES

ÍNDICE

CONURBANO SUR

LOS FRONTERANTES

DISCURSO DEL CONTADOR DE GUSANOS

NOTAS DE UNA SOMBRA

LA RISA HUÉRFANA

LOS NIÑOS DE LA NOCHE

PRÓLOGO

Y sin embargo se mueve:
Eppur si muove

Escribir sobre la lectura es una acción sensible, elegir una perspectiva, un punto de vista, unas coordenadas desde donde trazar nuestro recorrido supone dejar de lado alternativas de lecturas, y no es, ni lo sería, la intención para este caso, al contrario. Ariel Williams nos propone, y nos ha propuesto a lo largo de los años, un mapa en el que los lectores deambulamos de un punto hacia otro construyendo sentidos como si fuésemos seres nómades que una y otra vez deben consultar los astros para definir cómo continuar su viaje.

Si la lírica implica una serie, una poética, un programa de escritura, en Ariel Williams todo se desdibuja y se difumina y por curioso que resulte adquiere intensidad, resplandor y nos invita a releerlo continuamente a medida que avanzamos.

¿Por qué ocurre así? Honestamente, no lo sé, supongo que habrá algo de los pasos silenciosos y los vocablos casi invisibles de un poeta que se desplaza de geografía en geografía con el tiempo, ese desplazamiento, esas nuevas decisiones, no implican una pérdida. Es más, suman para cualquier lector porque nos encontramos ante una obra que no termina de cerrarse, incompleta, que no concluye aún, y resulta ser así por la dimensión de su vitalidad, y por la amplitud de su proyección desde el pasado hasta nuestros días, ahora mismo digamos mientras escribo y leo y releo, y quién dice que para más adelante también no sean textos como los de Williams los que terminen por configurar un tono, una forma de escritura y una voz en el canon de la poesía argentina:

1

Soy alguien que camina. Es la única definición
que puedo dar de mí. Caminar es avanzar un paso
después de otro. Eso es lo único que hay. Por un
barrio, por unas calles, por unas afueras: un paso
arriba de un pedazo de tierra y algunas piedras, un
paso saltando una raya que separa dos baldosas.
Y otro paso. Al final a veces llego a casa. Casa no
es el lugar adonde vivo
Veo unos postes de luz con sus filas tan bellas de
cables. Detrás está el cielo azul del final de la tarde.
Detrás de ese cielo no hay una Mirada. Nadie que
diga "Estás ahí".
Necesito un método.
Voy a tomar vino en el bar. Ahí hay varios que
darían esta definición de sí mismos: soy un vaso
después de otro vaso.

Si acaso existe un método, aquí la voz del poeta no lo reconoce, es el no método, el recorrido invisible, como los personajes de cuentos de hadas tradicionales que buscan sentidos así como recogen migas de pan para llegar a sus hogares: en el final no hay un destino cierto, definido, resuelto donde nuestros seres queridos nos esperen, más bien la escritura se podría identificar con ese hexagrama del I Ching que tanto le gustaba a Hugo Padeletti y es El Andariego; mapa y territorio se unifican y luego se superponen y luego se desvanecen primero uno y después el otro hasta que sólo quedan unos sonidos sueltos, abiertos en el corazón de la intemperie.

La vida inmaterial

El movimiento es continuo y es ascendente, nos movemos de nombre en nombre para articular la trama de nuestros antepasados como si en ellos hubiese algo nuestro, del mismo modo en que se amalgaman las hélices de las cadenas de ADN, algo de nuestra sensibilidad resuena en nosotros pero pareciera ser que no nos pertenece, que alguien, que una voz anterior, pronunció cada letra, cada partícula y su sonido terminó por ser entonado aquí y ahora en este plano y en este mismo momento:

I

Como no tuve mis antepasados (los negué), entonces
crié unas piernas y corrí corrí. Me fui de ellos
y ni los iba queriendo más, y así era adelantarse
a lo que no era.
Correr. ¿Quién me había lanzado?
Nadie, nadie me había empujado, pero me fui
de los que me habían sido y la tierra se fue vaciando;
a las cosas se les salía como un agujero negro,
como un silencio quieto mientras yo iba pasando,
a las compañeras de mi ser se les abrió una palabra
que era como un cielo y su pronto.

El poeta es un huérfano, y su tarea consiste no sólo en tejer la trama de su memoria, va más allá, es un trabajo demorado que implica volver a narrarse desde un punto ciego en el tiempo, es una tarea creativa, es necesario crear e imaginar otra forma de habitar y de decir, y para ello la palabra poética termina por ser un fin y un medio simultáneamente; la voz del texto escrito dialoga con las voces silenciadas de las familias perdidas en el olvido, ya no la nostalgia sino la tarea de reducir la incertidumbre del futuro, de aventurarse en el devenir de un modo pausado y con la certeza directa de orientar nuestras decisiones, como si fuésemos arqueros, hacia el punto más preciso donde se condensan y se arremolinan los sentidos del poema, y desde allí tomar la palabra para enunciar y para tramar nuevas identidades, nuevos tonos, y diagramar en silencio una poética que brilla por su discontinuidad y por su intensidad, creciendo en cada instancia hasta enceguecernos.

¿De qué manera buscamos una explicación a ese sentimiento de falta que nace, pareciera ser, en modo involuntario? ¿Cómo podríamos construir y/o anudar esas piezas que nos están faltando para completar nuestra trama? ¿Y cómo hacemos para transmitirles a los otros nuestra emoción que a medida que transcurren los años se convierte en una especie de inquietud o de espina que no deja de llamarnos?

No hay metas, no hay método, pero sí un aprendizaje silencioso de las formas ausentes, de recuperar una manera singular para decir que existe una experiencia garantizada y sostenida por el manto de la poesía, y que esa experiencia adquiere significado en tanto y en cuanto la reconocemos como el camino a seguir; escribir, para el poeta, es trazar una línea de puntos luminosos imaginarios y a ciegas en un mapa oscuro ensombrecido por el silencio del mundo.

Volvamos: ¿para escribir poesía es necesario un método? ¿Cómo se definen los horizontes de lectura de poemas? ¿Cómo son los dictados de la mente, de la lengua, de la palabra, del poeta, y cómo esos dictados encuentran una voz a veces extraña, dispersa y única en el poema? ¿Nos haría falta un método para la lectura? ¿Y para la escritura? Puede que para Williams eso sea secundario, sea más bien un motivo, un punto de partida que luego se apaga por completo apenas comenzamos nuestros pasos. Es mejor hablar de riesgos, es mejor decir: aquello que somos capaces de arriesgar cuando escribimos y cuando leemos poesía; sin riesgo, nada de lo que sigue tendría sentido, por eso leemos, y por eso escribimos.

El reino de los animales y de las flores

Por momentos, el poeta pareciera evaporarse entre las voces de los árboles y de los animales y de los insectos, hemos llegado a integrarnos con la naturaleza, el movimiento de las ramas, de las flores, el canto los pájaros, las huellas de los insectos, los pasos de los animales terrestres, las grafías de los animales que atraviesan el cielo, las estaciones, el llano, el mar.

Nunca está de más recordar la idea, como analogía, de la tarea de escribir poemas como si fuese la tarea de un jardinero que cuida de las flores, de las semillas, de las inclemencias de la temperatura, de las tormentas, de las sequías, de las lluvias y así. Una fracción de tierra para edificar un mundo nuevo, personal, todavía no tocado por nuestros tiempos, intacto en su inocencia y en su voz.

Diana Bellesi quizá sea hoy, en nuestro presente, la voz que vivifica la escritura en ese tono donde se recuperan las vivencias del interior de nuestro país como una provincia íntima, deshabitada, donde todo está por hacerse. No olvidemos que, en el oficio de la jardinería, lo que realmente nos importa son los procesos, el acompañamiento, el cuidado de los seres y no el final o el resultado. Quizá, para que los poemas florezcan radiantes en nuestra imaginación, haya que acompañarlos desde ese lugar con el mismo cuidado artesanal que fue diagramando el poeta verso a verso hasta llegar a nosotros.

Leer y escribir son afecciones humanas, leemos jeroglíficos de nuestros antepasados, así como un poema puede contener toda la historia de la humanidad, de ahí la idea de que quizá seamos animales poéticos, criaturas sensibles habitando el universo cuyo único estilo es el desplazamiento, correrse de un lugar a otro, de un extremo a otro, y así, hasta desaparecer por completo y olvidarnos de quiénes fuimos alguna vez.

La vida sensible encuentra su correlato en la intimidad del poema, y en un mundo que de a poco se vuelve menos habitable, es difícil dialogar con el exterior, construir un puente, hilar sentidos en común, traducir, imaginar una comunidad de pares, por eso la naturaleza podría ser el tema, y podría ser la forma, y quizá el índice imborrable que orienta la biografía de una vida:

En el cielo enorme pasaban pájaros solos, muy alto
(yo los dibujaba haciendo un punto en una hoja blanca).
Los sonidos se escuchaban opacos, hundiéndose en el
cuerpo abierto del día. Aprendí a leer el horizonte antes
de conocer la primera letra. Yo fui un animal joven.
Puedo ahora decir el verbo "fui". Ya puedo usar ese
tiempo verbal que indica como un tajo, o un vidrio que
se pone adelante y no deja pasar hacia donde hubimos.
Pero antes no había vidrios, ni casi había paredes.
Fui un ser del espacio y ahora soy un ser del tiempo.
Había una sola dimensión: abierto hacia todos lados.
Vivir era como estar cayendo siempre en el aire

Sigamos: si el tiempo es un flujo irreversible direccionado hacia el abismo, qué hacer. Para Ariel Williams, la escritura no sé si nos salva pero nos permite narrarnos desde otra temporalidad, el poema irrumpe en el presente y altera el recorrido previsto, se funda una nueva trama y con ella nuevos sentidos en los que las identificaciones se disuelven y este entramado termina por alumbrarnos en su singularidad, re direccionando nuestra atención hacia otras zonas de la realidad que antes no existían y/o no advertíamos. Este giro en la escritura es lo que convierte a los textos en necesarios para leer nuestro presente, son estos giros, estas interrupciones con lo canónico, lo que hace que los lectores y las lectoras queramos detenernos de nuevo en cada verso; es incapacidad de atribuirles una tradición, así como un nombre familiar, lo que hace que sean únicos, y así nos lleve a visualizar nuevas conexiones entre aquello que vamos leyendo día a día y lo que ya conocemos.

A veces saberse huérfano en y desde la escritura puede ser un don, una brújula para reconfigurar en forma recurrente nuestro presente, en definitiva eso que llamamos familia, padres, hijos, hijas, madres, hermanos, hermanas, coexiste en directo con la escritura, pero los poemas van más allá de las relaciones conocidas y de todo lo compartido con ellas a lo largo de los años: hablamos de una poética abierta, que no está concluida, que avanza a un ritmo desconocido a través de múltiples modos de decir y de múltiples significaciones.

El bosque de la lírica

Es común la creencia del poeta hablando de sí mismo en un registro testimonial. ¿Importa? La verdad que hemos llegado a un punto donde la imaginación, la ficción, los procesos inventivos anudados en la mente de quien escribe se complementan con los hechos reales, es más: ¿y si los hechos reales no son reales? Eso último no tendría que interesarnos, el poema no busca verdades, no busca respuestas, al contrario, su dinámica, su potencia afectiva, de afectación sensible a cada uno de nosotros y de nosotras radica precisamente en esa apertura, no somos más que los portadores de una antorcha ardiendo en todas direcciones. ¿Vamos a quedarnos con una única manera de abordar los textos? ¿O vamos a dejar que la llama de los poemas nos lleve hacia lugares que no conocíamos? ¿Leemos y escribimos para saber algo que ya sabíamos? ¿O para descubrir algo nuevo que antes ignorábamos? Lo que no conocemos del mundo es equivalente a aquello que tal vez no conozcamos de nosotros mismos.

Por un momento intenté releer cada libro desde los epígrafes. Como dice Osvaldo Baigorria que dice a su vez Luis Gusmán, los libros que hemos subrayado tienen nuestras caras. Toda marca que hayamos dejado en un libro, sea nuestro o de otros, es parte de una época prehistórica de nuestra vida, son pliegues sobre pliegues de significados que se van transformando: Stephen King, René Char o Cristian Aliaga, Fernanda Maciorowski. El rostro de nuestros vecinos de provincia y de nuestros coterráneos dialoga con las voces de autores canónicos como Char y Stephen King, y a la vez entre ellos se unifican tradiciones y géneros con convenciones de lectura que se han cristalizado o fosilizado hasta el cansancio, pero el diálogo los revive. Mejor dicho: en la conversación entre cada cita se reviven las voces de los autores y autoras citadas y regresan con una fuerza disruptiva y extraña que nos afecta y conmueve hasta el punto de no saber cómo traducir nuestras emociones.

Pero no hablaremos sobre las citas sino sobre los poemas:

Vengo del cielo vertical, muy celeste;
hogueras colgando de humo largo, exclamando;
orillas con peces que salieron del verde
a gritar;
todo el momento de un año
en que entré a donde no se habla
y hay sol,
la llanura terrosa donde no existe
gramática,
el vocabulario está permitido

hasta estirarse con los muertos,
y después volver a entrar
en Provinsia

* * *

No hay un estado puro del poema, menos de la poesía encuadrada en una época, por el contrario, los alcances del poema serían infinitos como sus lectores haciendo filas a mediano o largo plazo. Los binomios cielo y tierra, años y segundos, llano y montaña, tierra y agua, vocablo y silencio, centro y periferia quedan ovillados, sostenidos por el mismo hilo y la misma voz, diferente pero idéntica en su trazo, su grafía y su tono irrepetible. Anudar lo imposible en un plano supone también que hablamos de experiencias que nos conmueven, experiencias universales que nos atraviesan y nos llevan a preguntarnos qué haremos más adelante, quiénes somos y dónde estamos.

    ¿Habitamos acaso el territorio que amamos? ¿Amamos nuestra geografía? ¿Qué dice el paisaje en el que nos encontramos? ¿Hay una poética para cada especie que habita nuestro planeta? Y si eso es así, la tarea del poeta consiste en reconstruirla o construirla, y en eso se encuentra Ariel Williams, provocando en silencio emociones colectivas desde una geografía singular. ¿Por dónde llega esta afectación? ¿De dónde nacen estas emociones? Y así. Digo ya: hablamos de lo más íntimo a partir del silencio de nuestra sensibilidad, la coronación de los sentidos en el momento justo en que el lenguaje ha llegado a su límite para recordarnos que no existe fuerza alguna que pueda restringir en su totalidad las fronteras de la poesía y por eso mismo seguimos leyendo y seguimos escribiendo poemas.

Marcelo Daniel Díaz
Río Cuarto, 25 de noviembre de 2023

ARIEL WILLIAMS

CÓMO SE INVENTA UNA ORFANDAD

VIAJE AL ANVERSO
(1997)

I

Fue una noche, de esas de invierno,
larga jauría cruda en la tierra desolada,
luegoinvierno,
donde hasta las vacas contribuyen
a susurrar qué no oscuros,
a expandir qué no susurros
de noche vertical.
Sentado al fogón,
me dedicaba a leer, sabiendo, conociendo
la campanada que ablandaba la pasta blanca
de las páginas,
cuando, del hogar, de entre las llamas que atravesó
como un suspiro abriendo un juncal,
como una blandura más de las hojas ya leídas
en horas más blandas aún bajo frazadas,
surgió un extraño personaje:
el Barón Brambeus.
Un personaje
con algo de caballo fino de estepa
en sus modales remotamente aprendidos antes
de los tiempos de la barbarie, antes
de que las glaciaciones continuadas
nos congelaran el cerebro.
Conversamos toda la noche,
sentados junto al fuego.
Él tenía una gracia felina,
pero dentro de un aspecto gordo:
acumulaba movimientos esmaltados, finos,
que surgían de su cuerpo de diablo velludo

como una contradicción incesante.
Sus uñas, una prolongación larga y cuidada
de su elegancia envasada en pelambres
brutales.
Así, un gesto delicado de su mano culminaba,
siempre,
en el encontronazo con el dedo nudoso y peludo,
cuya uña se extendía (¿sucia y amarillenta?,
¿larga y cuidada?) hasta el fin.
Sus ojos eran penetrantes como los de los lobos nocturnos
de las estepas que había atravesado
para llegar hasta mí.

En conversación,
Brambeus desenrolló ante mí el Larousse completo
con algunos toques de su lengua gruesa, pálida,
terminada en punta,
haciendo girar y fulgurar todas las palabras del idioma
alrededor de sus pensamientos oscuros,
sin que se supiera si habían llegado a tocarlos
realmente.
Afuera, las constelaciones habían acompasado sus tiempos
a la vorágine de Larousse desenterrada por nosotros:
las estrellas golpeaban, cada vez más fuertemente,
las maderas desvencijadas del cuartucho
de las herramientas.
Eso me trajo a la mente, por un instante,
la imagen de los establos abandonados
en una tarde de tormenta.
Adentro, sobre el heno, una muchacha nadaba

en la poca agua, guerra restante,
de un soldado que se ahogaba en guerra,
que manoteaba último en su propia marea de posguerra,
sus bayonetas todas clavadas en cuerpos
ya derrotados hace siglos,
curvos doloridos en terrones anónimos,
estériles clérigos en el fondo de cultos
perdidos,
desfondados
como las estrellas que ahora golpeaban
la puerta
y recordaban al soldado su hora,
en el momento preciso en que
debía salirse de las guerras y de las galias
y en que, con ayuda de la muchacha,
las manos se hundirían en los cuerpos anónimos
muertos en batalla,
los pies dejarían de caminar por las trincheras
y retornaría todo a la hora de las estrellas
que golpeaban la puerta,
del viento que soplaba afuera
y de mí, que conversaba con el Barón.
(...)

V

La insolación del pasto, su desolación
de estepa simplemente
recorrida por nuestra carroza en venta,
que escapaba como podía del furor.
Para espolear a los caballos,
había que apretarles la brida
antes de que llegara el momento de comerlos
al ajo o a la cebolla.
Así conducíamos caballos de una esencia
que se iba pudriendo,
con el hígado colgando de un agujero,
reventado por la sustancia del azúcar
con que los alimentaban las abejas nocturnas.
Eran enjambres de a millares, barbas de dioses
castrados,
con arrumacos en el abdomen vibrante,
lleno de la bosta flamígera de las margaritas.
Venían soplando sus nubes hacia adelante,
con el hocico gordo por la miel.
Acariciaban los belfos equinos
con una lengüita roja de cosquillas dulces.
Así eran las tormentas de la estepa.

XIII

Estuvimos varias horas acariciando
el lomo de unas arañas tuberculosas,
pero no se tranquilizaban y no podían respirar
y se ahogaban con los estertores del miedo,
luego de un vómito delicado y silencioso.

Las arañas no gritan.

Era un mundo de enfermedades tuberosas
asolando la ahora pampa:
vacas arrolladas por los cuatro vientos
contra el borde de la tranquera.
No existe ahora más que un mar de pasto
donde las arañas no gritan
y donde las vacas son acorraladas contra el vacío.
(...)

XV

Había pasado el período terreno
y ahora,
como los terneros en tiempos de cura,
flotábamos en un espacio de aguas oscuras,
de fondos conmovidos
por nuestras propias brazadas.
Abrazar algo significaba sentir
el fulgor resbaladizo de un pez abisal,
la caricia de su baba ardiente,
que nos dejaba un fuego secreto en el corazón,
un anhelo de un hundirse moroso
en busca de los peces lascivos
para no tener que respirar más.

En el espacio humedecido flotaban unos soles
como panaderos,
blancos e inmateriales:
con su luz interna irradiaban ramas suaves
y acariciadoras.
El que las tocaba caía en un sueño
profundo,
y comenzaba a rotar como un satélite
del sol que lo había dormido:
durante milenios rotaría sin cesar
dentro de las capas oscuras de agua – espacio,
hasta adquirir
la estructura misma de la rotación:
ser panadero,
semilla insomne y alada en la oscuridad.

Hemos visto ya seres semirotativos,
con el cuerpo redondeándose y atravesado
ya
por las astillas de la luz.
Continuaremos así, sin dirección vertical
ni horizontal.
Tal vez nosotros mismos seamos ya redondos,
como una bola de carne
o como un pez abisal.
Tal vez nuestro deseo
nos haya llevado ya
hasta el fondo,
y de la cópula con los peces babosos
hayamos surgido redondeados y con una piel
viscosa,
especial para nadar o flotar o deslizarse
por entre las acumulaciones húmedas
de espacio.

LOMASOMBRA
(2003)

gente

como pedazos de luz, de olor, de sonido,
nos entra la gente a horas intermedias
o detenidas

1

afuera se escuchan alpargatas y moscas,
pisadas entrando al pedregullo;
pasan hombres cantando y con olor a sal,
el cuchillo poroso de un gargajo rompe la noche;
una risa y un perro que es sonido
en los barriales oscuros;
alguien cae a la sombra donde rueda
un vaso,
donde el dedo de dios acaba de señalar
a un corazón que se duerme

2

ya bien temprano se huele el frito, gente
que acompaña la mañana con empanadas;
la ventana de la cocina es un cubo amarillo
en el madrugón
cuando se degüellan los gallos;
lo demás es todo oscuro,
bien molido de tierra negra;
dos pinceladas de un cuerpo de mujer
se mueven en la penumbra de una pieza,
es la misma mujer que me quemó de baba,
contra el cerco, hace dos veranos

3

la barra de neón tiembla e interrumpe
la realidad,
se apaga, deja gusanos temblando
en el cilindro de vidrio;
los pasos caminan por el mundo oscuro
de la noche,
pasan junto a varias ventanas iluminadas,
se juntan con un perro;
entran en otra oscuridad,
encienden una luz más amarilla

4

los gallos vuelan de voz puro cogote,
levantan del zanjón negro el alma
de los dormidos;
hay quienes se arrastran a media tierra
y ponen a quemar el agua,
hay otros que se hunden en el occipucio
de la frazada
y desalojan de la próxima luz
toda la parte puerca de la maquinaria;
ella viene lo mismo, más pura y más indigna
que la muerte.

5

el parloterío de las personas de ropa oscura,
faldas negras, sombreros de fieltro, cintas
en las mangas de los sacos,
se para cuando bufa el carromato en el barro
y bajan las tablas, las flores, los velones,
las aceitunas, el violín;
las mujeres untan al muerto
con sus manos como calamares,
revolean los ojos, escupen en el piso;
los hombres acomodan el caballete
y se dedican a sudar aguardiente y humo;
asique parece que alguno se fue
con la yaya negra

6

el tipo ceñudo va armando cigarros
y los apila en la mesa;
hace la pirámide de keops, kefrén y micerino;
el ventilador cuelga del techo y degüella
el calor;
el hombre está en el pozo más central
de la temperatura,
el lugar de los dedos sudados;
si hubiera un pianista, tocaría
la mazurca del pegajoso
y después habría que desenredarle los dedos
con vinagre

7

por la pendiente abajo, los que rodaron
fueron los que durmieron;
quedaron apilándose justo cerca del agua,
que va lejos;
uno se fue con la húmeda,
porque no vino a reponerse después de tanto
sueño;
se le durmió todo lo que le quedaba de gente

unos hombres

y dijo que, sin embargo,
hay otros que son no-hombres

1

desde el techo, alguien mira y ve pasar,
a veces, nubes como pedazos de tierra;
eso es cuando inclina el cilindro rojo
y el color pasa a su garganta; carraspea,
abajo crujen pasos de hombres en la grava;
de ahí viene, extendiéndose, la música
de los hombres que bailan o gritan o se ríen;
algunos de ellos van entre los árboles,
a un lugar oscuro
para bailar uno arriba del otro y sin ropa;
otros se encierran en una pieza y toman
o tiran las cartas, gritan, se ríen,
enrojecen,
vuelcan la mesa y se clavan
triángulos finos brillantes en el cuerpo:
en esos casos, alguno queda tirado en el suelo
y la madrugada parece entrar con el vino espeso
que el caído pierde por el abdomen

2

llega la gente de los violines, o sea que debe ser
navidad;
la música viene de lejos, los violines lloran con el cuerpo,
como gatos sobre barro recién llovido;
un hombre prende fuego en su patio
y clava junto a él una carne hasta quemarla;
otro hombre lava los platos y pone la mesa;

un tercer hombre, más joven, se calza medias finas,
largas hasta cerca de la ingle y después mira su doble
en el vidrio anochecido;
la gente de los violines trae manzana fermentada
de río negro, dulce de duraznos,
chancho quemado con sal, cilindros de tabaco,
violines que vienen cantando;

la gente de los violines no es hombre

3
en la mesa larga, la luz del mantel,
las caras enrojecidas entrando en gloria,
las voces de estos hombres que parlotean
sonidos sin sentido;
sus posturas de saciedad, sus cuerpos desabrochados;
un sol que corta las cosas sin sombra
y las clava en el fulgor donde no hay lugar;

en la despensa –dos hombres fueron a buscar dulces–
uno aprieta al otro, más joven,
contra las estanterías, le desnuda la cintura,
le arranca la pollera y la tira al piso sucio;
el hombre mayor se bambolea contra el cuerpo del otro,
los dos se mueven como muñecos espasmódicos

4

sobre una mesa de madera cuarteada,
unas rodajas de tripas rellenas, muy rojas;
la luz blanca, las cortinas relucientes
de tormenta, el piso oscuro
moteado por las pisadas apócrifas de alguien;
a la derecha, una puerta, una habitación
donde se mueve la enagua de un hombre
que acomoda pedazos de tela en una caja con tapa;
sus ojos transpiran mucho,
pasa un pedazo de tela blanca por su cara,
posa su mano afiebrada, fina, larga, en una silla;

aunque hay otros hombres afuera de la casa,
ninguno de ellos dice nada;
algunos secan también sus ojos transpirados

5

este hombre trajo el carro, desenganchó los caballos
con el barro hasta los tobillos,
les pegó unos baldazos de agua jabonosa gris
que se escurrió por las rejillas como dedos cortados
en el patio de cemento,
les tiró pasto húmedo;
fue a comer un plato fuerte, cargado
de pólvora roja;
se hundió en agua helada
para sacarse la cólera;
sintió deseos de conocer a otro hombre
y entró a un lugar donde había luz grande,
hombres hermosos, curvos, con labios morados,
abiertos, esperando cuerpos

6

un hombre recién casado sale a la calle
después de la primera noche, llevando
todavía
el aroma de su esposo; la noche ha sido larga
y el mediodía abre ahora sus luces crudas,
olores mezclados con tierra,
fritangas muriéndose, velas derretidas;
solamente se puede comprar vino blanco
o sidra, aceitunas, peras con fantasmas adentro,
tabaco-de-los-muertos;
el hombre recién casado, entonces,
hace algunas compras, se acalora porque todos,
los hombres,
buscan en su cara la primera transpiración,
el fuego de la noche,
y porque todos saben que ahora, él,
ya es hombre

7

estoy entre unos hombres que duermen
en puro cielo, desnudos;
ahora que están acostados mirando cómo pasan
unas nubes por la negrura,
parece que tuvieran los ojos fríos, perdidos
en el silencio de los animales blancos;
uno se desabraza de otro,
se agacha y orina no muy lejos, produciendo
el único sonido tierno de la noche;
y después parece que vuelve y vuelve
a los brazos de su hombre,
y parece que todos nos podemos dormir

8

ahora soy por ahí también un hombre;

vi a unos hombres montar unos animales grandes,
relucientes, nerviosos, con caras largas extrañas;
arranqué del agua unos seres marrones como manos;
tragué, en un lugar cerrado y caluroso,
con unos hombres de caras turbias, un líquido fogoso;
hice vistas contra otro, con un cuchillo,
hasta que de golpe le cayó sangre del abdomen;
fui a un lugar donde unos hombres con olor dulce,
con la cara llena de pintura, casi no vestidos,
me recibieron,
y uno de ellos me dejó entrar en su panza
hasta que parecía que los dos temblábamos;
vi a un animal enorme del agua morirse
en la costa y dejar su olor triste;
una vez llegué a una casa donde unos seres gritones
me quisieron comer

9

miro a los hombres;
los veo moverse a la música algunos días,
gritan ríen, suspiran como si tuvieran viento
adentro;
los veo inflarse, ponerse rojos ser gallos,
los veo querer quererse, quisieran;
veo sus ojos enfermos, sus patas flacas blancas
con los pelos desparejos;
veo también sus miembros suaves, sus pies
delicados, romos,
entrando en los zapatos puntiagudos,
en las botitas de seda;
los veo entrar en la sombra
y desparramarse adentro de la tierra
como si de sus cuerpos salieran dedos urgentes,
especialistas en tocar violines mudos

10

aunque, a veces, pienso que yo, por ahí,
soy también no-hombre
(...)

CONURBANO SUR
(2005)

1
El Pensadito de las Perra Hundez

En el meadero del mundo,
cada uno es su gato Panzarriba

El Pensadito

La verdá del perros

I

¡Señora Hundidora,
no me dejéi entre los perro!
Decil-le que eis cemelterio
de animale ladrido,
d'unos muchacho peludoss
cuatro pata-pata-pata-pata
        cola dientes.
Pálida Señora Hundidora,
non me visité tampoco,
tu presencia tan fría en un suenio:
éste era el amargo, de la malinconía
et todas sus señoras grises
que vienen tomar té en otoño.
Era éste, el decúbito de la pensadera,
la historia secreta de los orines
        dentrol decir.

II

Gentes del Sindicato del Ladrido
me vienen decim-me,
dentre las fosas que duermen,
que las perra-perra Hundez
había travesaol suelo d'un destino,
et húndia a cada quiene
en la su amarga leche del oscuridá,
de la coal ha ella tan en abondante.
Señora, que tembarazas de nosotro
cada vé qalguno es llevao
a tus olvido.
Non me amamantes con tus líquido
de muertes.
Señora.

III

Perra, hundes, nos los espíritu,
en un suelo de perros que non ladra
olfatea sólo, solamente almohadilla,
húmeda buscando verittate
en un cielo oscuro de las carne,
todo recoveco y redondez nuestra,
de todo nosotro.
Y mira húmeda,
et es tierra de miradas miradas.

IV

La verittá c'est uno perro muertosss,
pero sines perro non hay cacería.
Ma dan unas tierra toda perro muerto,
sin gente,
todos corpo fenescido de perros
mojado por la yuvia de agosto.
Los perrosanónimo,
dulce perrez de silencio y quietú,
que llueven sin pensamiento
y ahí quedan, ningún ladrido;
toda ausencia de ladridos, era.
Y qués este mundo sin un ladrido
que ahuecabas la noche
y decías "todavía estó despierto
en el río de todas las negrura".

VII

Hay unos día de sabgüesos negro,
cuando te se aparece la songra
a las luz dell mediodía
y te ocupa las alma tuya
nun solo día blanco largo de la eternidás.

Y mirta húmeda

VIII

"No soy perro, no soy na que se le parezca
et semeje", dijo el perro.

2

El padre del suenio

Hubo un problema que yo nunca supe
si estaba durmiendo
cuando me ataron el alma.

Ese Froi

I

Velador con una misia lú,
estás áhi todávia!
Podemo travesarte nun viaje
de las duermevela.
Non hacíamo a la duermevela
y dentrábamo nla noche acostada.
Ahí había como ocho noches
durmiendo junta,
cada una queriendo ser su oscuridá
(de quién.)

Había el agua clarita de las noche
y las luz.
Las luz estaban ahí, y las noche
querían dormir,
pero las clarita eran ¡má brava!
Cada señora lú venía d'unvelador
(y pedorreaban dentro lapantalla,
nadien podía echarse en su hondo.)

Los velador mandaban una poliya
que te carcomía la noche'e la mediacara,
te dejaba el lado oscuro
y te decía que "medianoche han dado".
Y sereno.

II

Don't lívida ma cuerpalma.
Do not lívida.
Cuerpa-mulalma, vienes
de los suenio
y arrastras tantos cuerpos
cansados.
Don't iu lívida.
Tanto cuerpo aburrido que traes
dentre tus grise,
tanta leche de la muerte quieta
quieren tus ubre.
Don't iu lívida, mula, ma cuerpalma;
del entramao de cierto umbilico
vinistes,
allá en la esquina de tu envoltorio
quedará alguna larva del ombligo,
alguna que no quiso ser yo
y quiso,
désas que áura nomás andan haciendo
agujeros
en los umbro acolchonaos del cerebelo.
Cuando vienen los Umbros y dicen "yo",
degollando.

Do not lívida.

III

La muertea dormidera
e la muchacha del ratito,
la señora que se hunde
en sus propio centro-siesta
del "no quiero saber nada".

Et, dentretanto, un historia
viene diciendo "soy yo,
el Larvo que te carcome el suenio
et todas sus materia claras,
el míster de lo no dicho.
El padre del suenio".

IV

: (
Hay unos punto, afuera del paréntesi,
que te está mirando : (
ayí era tu sueño,
ayí era el silencio de tus noche
y de tus día con la pierna izquierda.
A tus suenio, quera como un cuerpo de aguas,
se le salieron las niñas de la córnea
y ahora andaban traviesas
golpeando al humor vítreo conlopúneo
y rasguneando (escalofrío) a los soniados;
y soñates todas las nínea que te faltaron
(y etaban afuera en la madrugada)
detrás de las coales había padre salvage.

El humor quería dormirs (malhumor)
y llamó al salvage a que comiera.

3

El jonde d´un espejos

Hay el mundo de las cáscara et
lo demóneo
en el punto menos ondo
de cada coal.

Un senior Anónimo

I

haora todo ondo ondo ondo
como ayere sines barro
haora hata que no hay má jonde,
sólo toda unas materia de aondamiento.
porque el ruido de las hondura es glurc
como l'agua en quietú
que se des-Lisa d'una en una
antro sí.
(Porque ayere non viniera Lisa
netoce yo ahora tengo di trabaliare
en laingueniería dell dolore;

II

// doble barra un insomnio,
que se miraba la cara un reflejo
en su espejo
y era toduna preocupació
cuonocer el mundoluz-gloria
d'un solo dormire,
endemientra que uno queda plateao
y chato.
Entanto el desparramo del todo
lo que había sido un "yo"
no sabía ánde mirarse
pa saberse dormidodespierto.

III

quilibrio entre tú y tú
y nadien sabría
si alguien muriera o muriese
en la plateada ;)
endemientraque permaneciere y alegare
un cuerpo moviéndose del lao
del mundo

V

Yos, ayudalme en las lucha,
que vinon unos y me han hecho
las Yave-nelson.
Menredó la cabeza dentrel zobaco
(suyomío-no sé).
Pero la nose vino y olió y dijo
quera unas derrotas del olimpo.
Et,¡lo peor!:
¡todas las derrotas mirando!
Todas elias oservando con un ojo.

VII

al aurora

toda agua es negras viniendo a reflejarte

colonia secretas de ,,, vellos refrescos de ti mirado

) todas las "ellas" Cóncavas Delotro Lao, ébanas, bailan.

negraña, negraña, picáme donde te dolí,

donde eras yo más

y hondamente

4
Los Sufros

Nunca hubo aclaraciones de un dolor.

Jotápaul Ensarte

I

Qué faremmo hacer.
Los suffrros que dentran,
corazone.
A miseria de cuerpos en almas.
En allma:
en dentra golpe, dolore.
Qué faremmo hacer.

Alma: que sigue enferma,
dol-liendo.
Qué faremmo hacer.

II

El sufro é un esto que dormites:
viene de un ladrito'e la dolora
y que comió:
carne sufrida le soñó mal,
le vino deabajo el dónde,
perro rabioso'e la despertadura,

la silenciosa angustia en digerir.
Aquí.

IV

Todo un dolor trae asterisco
que dice "aclarar dónde",
entonce hay que decir "acá",
señalando con el dedo.
(Pero) yo tengo un dolor
que sólo tiene lasterisco,
et que se perdió laclaración.

Cuándo hubo aclaraciones de un dolor.

V

Y la rein, la yuvia, ónde stá,
ánde jue,
con la su su vestidura pálida.
Una yuvia era mucho mucho
sere cayendo.
Y es el calendario de las vidas.
¿Y la rein? La lluvia.
Había avisao con unas nube
que se parécian medusas negra:
le había dentrao a la ciela
con unos batallón de las lamias
a la pimienta.
Pero avisó y despué non vino
más.

No hay tanto cielo
para lo que tengo que llover, dijo.

Y la rein, la yuvia, ónde stá,
ánde se jue,
con la su su vestidura pálida.
(Se la comió un perro de lengua salida.)

X

San La Muerte, alguien me hizo el daño,
cuando un ojo extraño y sincero de mal
me había estado mirando en la izquierda,
porque un ángel malo le flotaba en la mirar
enseguida enseguida enseguida
dijo la flecha que dentraba en parte
blanda.

Sam Lamuerte,
tocal el piano, que se desbarajusta
la tristeza
y las malinconías huyen
como perros amargos.

5

Los margen

A veces al mediodía chiyan unas aranias en el vino.

Cantinesa Borracha

La vasitú de unas Cantinesa

I

Los margen éramo má vino puro,
ése rojos que mantel mantea
y enciende sangres desperada
hasta queun gallo cantabas
y una luz se pudría en su crema.
Ése quen su roja soñaba una seniora
¿y ánde staba?
E la pudritura e la luz
se quedaba toda animala salvaje;
lhería el vino el vino cortado,
lentraba del fiero costado relleno
con estopas de la muerte
(muñeca salvaje, no me comá el corazone,
que estaba amargo y no quería dormir.)

II

Ronquido fue un song al mediodías,
endemientra que hay "tiemblascarne"
y hay unas lupa que quemaen la calle.
Es horas de que siempre haiga un perro
ensimismado en el pozo de la sombra,
sin tiempo,
dentrando en las gloria.
Entretanto "tiemblascarne" atrapa un alma anónima,
le arranca toda la serena
y se la come a las gelatina de fósforo inerte.
Un perro levanta la oreja escucha muere del corazón.

IV

Cuando de güelta a la jonda
y la Cantinesa sirve un licor marido
y Lenguacortada vino y hablaba
con alientos de tajo y sangre.
El Licor de la Exquisita Razón del Morir
traía en sus lengua muertaviva
que no calmaba con agua Lased
de haber hablao.
Negra dentre dos paréntesi
e toda su conversacione.
Lenguacortada se te murió las luengas,
te se murieron, por haber dicho siempre
demasiado.

V

Y son siempre las misma fantasma
tomándose su vinolavida.
Siempre un sol que había hecho fogata
en el vaso,
y se lamía las tristezas.
De nuevo un noche sin obrera ni madrugada,
gentes que dicen "aún-querer-vivir":
vienen con una mitá crudas y las otras
arrecocida en el silencio del trago.
Siempre parecería quen el vino alguien
se hubiera arremojao un munión de lenguas
ante de salir al calor
piedra, chapa.

VI

¿Quién sanaba el lumbago del haber vivido?
Ése ques com'un dollor en los lomos,
apena un friecito entre paleta y paleta,
que irradia alguna tristeza desde dónde.
Yuno es como unas gentes-camello
acorvada nel mostrador,
mirando el desierto que vendrás
y arreservándose toda el agua
para no haber nacido en esta fiebre
que quema-quema.

Partes de la hundación

I

Con el suburbio del río flotabanuno moridos:
venía los pálido y los ahogado
deslizándose nel pedregullo de las calle
que hacía son de granizo y de tormenta.
Busquemo dijimo sus Güisqui Quema
busquemo en soportál liamao Delgalio
que traía unos vientos del sur
y unos alguien "fallecido cuerpo mañanero"

Y se lavemos (viendo un solo cielo)
y volcabas tus aguas turbia en el meadero
de los chanchos
(purificada, limpito en enfrental-le)
para que no hubiera que asomara
en el arrastrón
mano pierna rostro/ojo mira
la profusa marañas de las melancólica
del gallo viento muerto.

Puso una vela en el piso'e maera
y bastó:
el galio se quemó la uña.

III

De Ahundados padentro ahí tamo
ande se viven ya las de las water
dentre lasaránea poyito del vivir
lugare sin coma todo seguido dijo
vienen guaguas como animale enfenido
de las montona mucha
(todas dijieron moridas
quisieron vivir Ahundados
pero se les hizo lona en el punto del nocáu

VI

Vienen unas muchachas aguas
correteando ligereando
Vienen unas muchachas aguas
que todas ellas saben mojar mucho
Vienen mojando los terrones, los gatos,
el pedregullo, los mates y las señoras
Son doscientas mil millones una dentrotra
una bajotra una sobreotra una al-laootra
Corren como endemoniadas frescas con mucho sudor
corren con las pata blanda que tienen ella
Vienen mojando las chapas, el Dany, las cucarachas,
el sol en el piso, las bombachas y el vidrio
Los hombre corren desfavorecido

VII

Durante un cielo
le fuimo al enagua de un hombre.

No había cura
el hombre era un señor que se moría
y se había muerto
Al enaguo se lo tira engolvido nun trapo
se lo tira como al silencio
ande ya no ruje los leone
No hay forma de hacel-le pozo
al agua.

IX

lo sere de hundación
que son aparecidos cuando se volvés la raya
al lugar de ande partítes
y es que dejás las regione del barro
ande
saldrá el sol
y aparecen algunos muchacho
que quisieron nadar y lo logrates
porque siguen nadeando
dentre una tamánea quietú
dellos mismos, vacíos

uno flotaba comen un espejo
flirteando con la oscuridá quieta
de sus rostros uno y dos

6

Albergue Warnes

Mama muerte,
mama muerte
no me enllevéi agora
quel tiempo está tan rosadito
agora
que los pámpano se han puesto
amaríleo,
agora
que la escarcha anda clareando
en los hocico de las cosa(s).

Mama,
mama muerte,
que las carne del alba
andan anunciando un silencio
que no venía.

¿Quién?

I

lugar de ninio senfermo
que a la final non fuero ahí
pero había unos ninio fantasma
durmiendo lenfermedás en unas
no-camiyas
ninios de cabeza enorme cuerpo delgado

sangre azul Delfrío
sangre azul Delfrío

principesos del escuridá y el nimbo
calzado en trajes de arpiyera

comían en rondas, ratas, en fuego,
desbrozaban sus delicia el cuerpo noturno
queran las más (que) fibra de agonía
　　　　las más (que) una luz del dolor
comían una rata dos rata tres rata
y despué morían sin Testigo
dentrando en el sí mismo
la crema oscura del dormir
hata el silencio, queran eyo

II

somo la familias Delfrío, decían
ninguno no nació de ningún
nadien sabés quién los nació en esta tierra
y a tantos nos parió l'Enfermedá
que la yamamo madre güérfana, madre güena

la madre entrega ratas varia la noche
la madre entrega fuego y arpiyeras padormí
al calor no lo hacemo, lo dormimo.
tantos Delfrío junto, algún fueguito habrá
                              alguna rata habrá
                              si querés quedar
la madre entrega ratas Mucha-Mucha
la madre entrega fuego, arpiyera
madre güena, la madre Delfrío

III
a Miguel Vitagliano

Rastrojo Perdegullo del Bien de María,
hay un niño perro en las casas del Warne.
Díme,
¿qué faremo en elle?
que andaba perdido en la sombra de sí.
Díme Rastrojo dímedíme:
mundo de ladrido no es luz para niños,
ombra en el silencio, aurora sin ser,
díme cómo haremo pacerlo nacer.

Nadien me nació nadien me murió
dentre nadien vivo, sinon perros,
gentes del pasillo de la vida
gentes en güeso del destino;
al que me llevare, le mordiera el hijo.

IV
nunno barro dela madrugada
en uno silencio que no esiste
ma est
se revuelca un frío que nadien quiere
uno que non era Delfrío
y se desorganizaba en el ladrido

había un reventón de humanidás
llegando a perro,
dentraba en un mundo de territorios
de pis y pelos erisados;
le salía garra la sufra
y la gárgara era gruñido, lastimo

no tenía fogata,
era de una sombría pa fuera.

VI

hubimos un Luz Grande.
el tiempo non corrías conlosotro
se jue para otro lado, dejátes
el vacío
la escampación un correr de polviyos
silenciosos

se fue como un señor oscuro
porlopasíleo
se fue como venís los morido,
arrastrando unas lámparas
por los pelo de sus luz.
le alumbrátes en Lasangústea.
equinoccias Ellas arrastraro unanimal
en el Luz-Luz, luz

seniora esploseone,
a quiéne habéi quemado en tus garra
sardorosas

Epílogo

Hay una mujer sentada en la ruta,
repitiendo con una parsimonia
suave y blanca y testaruda y monótona,
dice que "songorro et aushzíleo".
Nadien sabe qué le pasa
ot ocurren,
pero es la mujer que,
monótona, átona, parsimonia,
dice:
Songorro et aushzíleo.
DI EN

LOS FRONTERANTES
(2008)

Mundo de la madre

a Martín Pérez

Hasta que sin padre

1

vengo al pedregullo cuando ella,
la madre, hunde la cuchilla en el hermano
animal, la luz
del padre caída mirando ausentada
porque padre está de pesca en una región medio noche,
porque tiene hundido el cuerpo donde moja
y lo esquivan gordos grises, lechones,
voladores mudos del lugar hondo,
lo quieren y él sube vestido de negro en luz
trayendo en su bolsa gente que tiembla;
arriba en la boya hay sonido y aire de golpe
y respiradero,
y ata en ella a los muertos, toma el agua dulce,
vuelve a entrar en el silencio de luces resbalosas,
se quiere quedar ahí mirando serenito
cómo parece que el bote se posa en el vidrio blando, arriba;
entonces la madre separa las patas, tiene
el dolor, el agua certera,
salgo con gruñido por el tajo del hermano,
bajo como sube el padre, ato al muerto anterior
en la boya,
siento que me dejé en el silencio, y el vidrio,
que rompo, para entrar en el mundo
saliéndome así de madre

2
ésa la madre que tiene las manos frías,
que corta la luz con los cuchillos de su estar,
trae cosas calientes cerca del rincón de mí,
sus sombras redondas; que sé
el Cararrápida las quiere,
le son blandas adentro, le traen
o quiere tenerlas como le baten los corazones
en los huesos:
yo miro cómo pasa la señora mañana
cómo arrastra sus cosas blancas por el piso
y la madera está como temblando
de que la pisaría la madre luz

3
la madre sufre adentro de sí misma:
encuentro un padre en el silencio
de sus máquinas;
en la noche de las lámparas, donde estornudan
las cosas de uno mismo, vienen a reventarse
las cáscaras de lo que fue,
los bichos mariposas de la panza del mundo;
éste es el estrecho corredor del que salieron
por la oscuridad
las mariposas de noche que entraron a mi carne
y para darle el peso, la pasión,
la carapálida de adentro – mirar,
todo el extraño pensamiento de mis dormidos
y sus huesos;
entonces estoy como si no fuera
y quiero padre

4

la tabla es larga porque silenció muchas
cebollas, el fuego
acumula pollos y ollas y agua que duele,
toda gente silenciada en la ceniza,
personas con plumas llegadas de mañana
y derramaron sus órganos en las tablas;
trabajo de la mano de madre: entrar
en el azul de las cosas y sacar el jugo,
filetear rosadas preciosas partes
y hundirlas en la leña roja,
traer a las narices música de carnes
como aires donde todos murieron
y fueron comidos

5

entro en lo que era una madre
y ahora está llena de pedazos quemados,
absortos señores en el cuerpo blanco
duermen sin ser, personas
que estaban como no viniendo,
como teniendo manos sin dedos;
todas husmean desde el cuerpo, todas
quieren salir como la nariz de la panza
a merodear en la madera
y pierden los kilos de un polvillo mariposudo
con que iban a volar;
pero las mariposas estaban muy pesadas
y nadie voló,
se hundieron los cuerpos en el barro agosto
de la madre

6

el que se fue con las máquinas
a entrar en el sol rojo, la leña y la tierra;
el que entró en pescado y vino,
alegría de la luna, liebres, muchachones;
el que sufrió la peste en una cueva
con un rifle cerca de la pierna,
vio su propia sombra tirada
entre la carne de los amigos;
el que sacaba sangre de los gansos
con unos cuchillos mellados;
el que corría más rápido que el río
y volvía a pisarlo en el mismo lugar
cuando el agua todavía estaba tibia
de su pie anterior;
el que bailaba con alpargatas, sucio y lleno de gloria
en los campamentos;
el padre
a veces venía y se sentaba
a mirar el fuego

7

todos esos bichos con alas son los muertos
que no conté
volviendo a la tierra;
adentro del suelo están sus madres gusanos
queriendo que vengan y de nuevo a ser señor
en panza;
hubo que parirlos entonces otra vez,
hubo que sacarles esa sombra
que les ocupaba la carne;
y en el verano vuelven a salir
de su lugar perdido
y ninguno viene a ser lo que no fue

8

¿viste padre que traías otra sombra
que habías sido madre en el lugar
donde no nací,
en el cielo de las nubes moscas?
¿viste padre que yo te había querido
y que las piernas de cordero hacían fila para recibirte
con el vino?
¿tocaste los manteles largos negros
que habían puesto las ancianas en las mesas del afuera,
pues no venías?
¿llegaste a saber de la fila de faroles que alargaron la noche
el día en que te traían que ya no eras, no en vos,
el día largo de espera que nació de corazones oscuros
el día noche en que septiembre amaneció cansado
de vivir?
¿supiste del hueco silencioso
que ahora está en la madre?

9

se hundieron los cuerpos en el barro agosto
de la madre,
desaparecen sus piernas en la Pierna Grande;
están con la barriga llena de piedras
y tienen un kilómetro de octubre
para entrar en muerte;
tristes, como nadando en el cuerpo
de la tristeza
subieron a decir adiós y hubo un sol blanco
que les quemó los ojos con rayones
de cal viva,
subieron a decir adiós y luego entraron
por la boca del agosto
a trabajar en el octubre de sus muertes

(Provinsia Cero

al Maestro Aliaga
a Andrés Cursaro

Prudie no habla Lalengua.
viene de donde no hubo sentido,
más allá de donde termina
Lalengua.
Prudie no tiene el sentido) Elsentido.
Trae la caballada bermeja
con una sola piel) Toda.
Ésa es ella, su interior.
Y ahora la trajo el carro, extendida,
siempre, una sola noche
trabajada por el viento de las garrapatas
en el terreno largo, plano) Laluna.

Vengo del cielo vertical, muy celeste;
hogueras colgando de humo largo, exclamando;
orillas con peces que salieron del verde
a gritar;
todo el momento de un año
en que entré a donde no se habla
y hay sol,
la llanura terrosa donde no existe
gramática,
el vocabulario está permitido
hasta estirarse con los muertos,
y después volver a entrar
en Provinsia.

I

Estos hombres que trajeron
las caras llenas de tierra
de una salida a la noche
del mundo,
sus caras largas como un miedo
a los lobos,
el labio baboso colgando, el mentón
desterrado,
el triángulo húmedo del pecho,
los gusanos metidos
bajo la piel hinchada de los dedos,
la cara turbia de sol
y ojos ardidos,
Tropa de carretas de madera quemada.

a

Traen el cajón del hombre raro,
una madera larga donde muere
cara blanca, hundida
en los rápidos de Lakilómetra,
boca cosida trabajando nodijos.
El último mosquito
los viene persiguiendo por la pisada,
alma caída al piso
pensando en el cansancio de la tierra
muy durada, querida en el paso,
en el momento en que se hundió
la muerte.
Traen la cara extendida como un miedo
a los lobos,
una sola noche dormida
para que el hombre no se venga
a llevar el cuerpo comido de pájaros
oscuros.

b

La mujer en una luz blanca:
Carne seca, brasas,
roscas que parecen pajarones arrollándose
en la tierra caliente
y yo sólo sida entonces – Ella
como si trajera murciélagos colgando
de las babas,
encontrados en las lagunas y muy queridos
para vender,
o como entreteniendo el ejercicio
de su inocencia en el fuego celeste, el fuego
claro sin sombras,
como si también quisiera haberse dividido
y no pudiera.

Provinsia
está fuera de sí misma.
Camino con perros flacos, que vienen
de las quebradas;
perros blancos sucios, sin pelo
en dos patas, torpes
sexos pegados al abdomen
apuntando hacia arriba;
sus caras largas lobunas
hociquean la tierra, el pasto,
los árboles;
abrazan escopetas oxidadas
con sus brazos cortos.
Tomamos sangre de gallina
en la orilla reluciente:
"Aguarroja de galla", dicen
con voz bronca,
y circula una bota de tripa
espesa en la oscuridad.
Los perros descansan con la escopeta
acunada en las rodillas
mirando el río lento;
sus caras flacas duelen,
le cantan
a un señor muerto
hace tiempo.

Traigo a los diez hijosperro
costeando el silencio donde no sean todavía
mongoles;
están lejos, solas, dulces, sus perras
disparadas al kilómetro más kilómetro,
entrecerrando el tibio de su cuerpo
adentro de la piel donde se duermen
las queridas,
y maman los perritos quejumbrosos.
Corrimos un tierral rojo, nadamos
el río de los diablos fríos
una oscuridad.
A uno se lo llevó el demasiado frío, o diablo,
y no quiso volver a aparecer
hasta que no tuvo el Estoyquieto,
su yaya interna queriéndose callar.
Comimos pescados de sangre marrón
en un lugar donde no había noches
y sólo días como agua;
llegamos hasta una chacra donde un hombre
nos estaba pensando entre unos árboles
de hojas negras,
y lo matamos
porque nos dio miedo lo que pensaba.

Boda

a Claudia Prado

1

estos hombres con caras devoradas por el viento
lunar
que no llegaron a tiempo a la casa
– se cansaron –
extienden su carne y hueso en el pasto,
gruñen como si no tuvieran ojos;
tienen el gusano parado por los sueños
en los que están metidos
envueltos en frazadas llenas de tierra

saben que la casa está lejos, a través
de un campo largo con mosquitos
pero están ya junto al fuego rojo
– una señora –

2

los sombreros negros bárbaros, cortos,
no los cubrieron de la luz del cielo; los caballos
gordos macetudos como lámparas
quisieron llegar igual al sur
– rifles rápidos tosiendo, liebres detenidas
en pleno vuelo, un carro con cueros –
a que aquellos de allá arriba
levantaran tierra, descabalgaran sucios,
mostraran sus frentes pálidas en reverencia
– hongos negros en las manos –
como si le sacaran la costra oscura
a una papa
para saludar a una muchacha

6

la chica mira el cielo, bamboleante
hoy entramos en Llanura Quemada
y vi dos liebres rojas, volaban, él les disparó:
sangre, tierra, cuerpos finos quebrados,
muertes iguales en el silencio del llano,
siento que vamos hacia atrás, comemos
cosas con sangre viva, sin fuego:
el esposo, con el cuchillo grande
saca los huesos delgados, rosados,
casi blandos
espero que te sientas mejor en unos días,
querida,
ésta es tierra difícil,
dejamos atrás las casas con sábanas

7

los cielos secos con fibras blancas
se mueven, *se deslizan unos sobre otros,*
a poca altura de los pastizales,
ésa es mi sensación, como si él
me trajera a vivir esta barbarie
de un cielo que se mueve, vive
sus oscuros colores, yo sé
que hay un ojo adentro de la tierra,
y que él mirará esto que pasa

estoy encinta, el ojo lo sabe, anoche
ha hurgado mis entrañas con su mirada
roma

8

liebres – silencio, pastizales rojos
la carreta da barquinazos, en ella
la mujer panzona sostiene sus costados
con las manos
Las Villas, pueblo de barro, los chicos
sucios
nos siguen hasta el edificio bajo
y largo,
velones chorreados sobre las mesas,
la mujer – agua, cara buena, baldes húmedos
calientes:
su rostro – paz en el centro del silencio negro,
voces tímidas en el cansancio:
afuera hay una brisa que mueve las luces

11

la carreta y el susurro de los látigos,
las voces de los caballos,
el cielo azul
yo detenida, *estoy detenida*
sobre las maderas,
el cielo se mueve porque el barro
se tragó las ruedas,
cómo voy a soportar
tanto peso:
diez mil kilómetros de cielo
sobre mí

los caballos le contestan y cuestionan
el látigo, escucho
sus voces finas, chillonas,
babosas,
con aliento a pasto rancio,
las voces de los caballos abajo del cielo
que no termina

12

estamos en el centro de la nada,
sueños, caballas
esta mujer me late adentro, que soy yo;
debajo de un único ciruelo salvaje
comimos "carne"

los látigos del marido duelen
en el aire

estoy yo, caballa
el cielo muerde, tiene insectos

13
tres liebres sobre la madera, manchas
rojas,
una liebre
cuelga hacia el suelo, gotea,
atardece
me miran con sus ojos anónimos ahora,

sorpresa tibia entrada en silencio;
estoy poblada de sus ojos muertos
porque comí toda esta noche que dura
un año, y ahora
tengo el cuerpo lleno de ojos inocentes
que tiemblan como agua fría,
tengo la panza llena de ojos
blancos
carne miradora silenciosa;

cuando me desnudo, mi panza abre
su párpado
en el horizonte helado

14

creo que viajo colgada, porque tengo la tierra
sobre la cabeza
y pasan pescados silenciosos, cayendo
hacia el azul no terminado,
creo que pronto gotearé sangre yo
también

DISCURSO DEL CONTADOR DE GUSANOS (2011)

Di tu nombre doscientas veces seguidas y descubrirás que no tienes.

Stephen King

...en la calle pensando
en la muerte por las tardes.

Cristian Aliaga

...siempre sonriendo
abriendo la boca en carcajadas
dejándonos temblar como si
no hubiese otra manera de ser.

Fernanda Maciorowski

1

Soy alguien que camina. Es la única definición
que puedo dar de mí. Caminar es avanzar un paso
después de otro. Eso es lo único que hay. Por un
barrio, por unas calles, por unas afueras: un paso
arriba de un pedazo de tierra y algunas piedras, un
paso saltando una raya que separa dos baldosas.
Y otro paso. Al final a veces llego a casa. Casa no
es el lugar adonde vivo.
Veo unos postes de luz con sus filas tan bellas de
cables. Detrás está el cielo azul del final de la tarde.
Detrás de ese cielo no hay una Mirada. Nadie que
diga "Estás ahí".
Necesito un método.
Voy a tomar vino en el bar. Ahí hay varios que
darían esta definición de sí mismos: soy un vaso
después de otro vaso.

2

Si llovió es porque hay barro. Se va secando,
pero está en el aire. Un método. Antes tenía uno.
Encendía un cigarrillo después de cada momento
del día. No era un mal método. Pero ahora el
día casi no tiene momentos. No hay, entonces,

método. Me atraviesan unos gusanos de color lila.
Salen por el ano. Hace un tiempo, los llamaba
"pensamientos". No los pensé yo, pero vinieron
a mi cabeza. No sé de dónde vienen, pero sé por
dónde se van. Parecen pasto, pero son gusanos.
Parecen dedos de alguien muerto. Ahogado por
ejemplo. Dicen que los ahogados se ponen de
color azul o lila. Pero no son dedos de ahogado,
son gusanos. La diferencia está justamente en
que comen. Pasan unos autos por la calle oscura:
con sus luces, sacan pedazos de cosas de la noche.
Como unas piernas que asoman de una pollera. El
ventanal vacío de una casa. Una señora barriendo
la vereda, invisible debajo del cielo negro.

4

Camino cerca de una pista de atletismo. Los
atletas se entrenan. Verlos correr es ver un estilo.
Los atletas tienen estilo. Como los galgos. Aunque
los galgos no son de este mundo. Cuando pasan al
lado se ve que van en otra dimensión. Semejante
belleza de estilo sólo puede ser un hechizo. Si un
galgo corre, afea el mundo. Todo lo demás se ve
torpe y lento y feo.
Yo ya soy feo sin un galgo cerca. Una vez tuve
estilo. Cuando era atleta. El método produce el
estilo. Pero en los galgos el estilo es su naturaleza
misma. Un galgo es estilo en sí mismo. ¿Hay un
dios detrás de eso? ¿Una voluntad? ¿Una bruja?

¿Un hechizo?
Voy al bar a tomar vino. Solamente para ver
el método de los bebedores. Es decir: un vaso,
y después otro vaso. Llego ahí con mi método
actual: un paso, y después otro paso.

7

Los galgos son números primos. Sólo son divisibles
por sí mismos y por la unidad. Un galgo dividido
por un galgo. Un galgo dividido uno. En una
carrera de galgos, cada galgo es primo.
El saber primo es lento y es único y es izquierdo.
Los galgos, con esa velocidad y esa belleza,
tardaron en llegarme. Caminábamos con mi
hermana prima y ella me dijo que los galgos eran
hermosos. Son lo más hermoso que existe, dijo.
Tenía razón. Pero yo tardé en verlo. Ahora, treinta
años después, me llega ese saber galgo. Como si
viniera rápido en cámara lenta.
El saber galgo es simple y es único. Es la evidencia
máxima y en sí misma. Un galgo es claro y
es distinto. Como un pensamiento rápido.
Como un pensamiento perfecto, redondo. Un
pensamiento que sabe de sí mismo. Hubo alguien
que dijo eso en un tiempo. Quería partir de un
pensamiento único como un galgo. Pero no
pensaba en galgos.

8

Sueño: los ahogados vienen a traerme sus manos
con cinco dedos morados. Quién soy yo para
recibir tantos dedos. Quiénes son ellos para traerme
sus manos. O dejarme sus dedos. Quiénes somos
todos nosotros. Esas son preguntas del despertar.
En el sueño, los ahogados simplemente traían sus
manos con dedos. No era necesario saber más.
¿En qué piensa alguien que se martilla un dedo?
Su movimiento no tuvo estilo. Y ahora tiene un
dedo lila. Ese dedo podría ser un pensamiento.
El estilo se construye contra el pensamiento.
El pensamiento viene después del estilo. El
pensamiento viene cuando falla el estilo. Algo así.
¿Y qué sé yo si un galgo no es una especie de
máquina o maquinación perfecta que se esconde a
sí misma y se disimula? Sin un ser que la pueble.

10

Pensar es como si alguien se muriera lentamente.
Desde adentro, casi sin saberlo. Los pensamientos
me violan. Soy pensado, soy dicho. Las cosas son
pantallas de un río asesino inocente. ¿A quién
culpamos por un pensamiento? Pero vino. Pero
pasó, estuvo aquí. Vuelve, a veces.
Salgo a caminar, entonces. Las cosas son paneles
de sombras. Paso al lado de un árbol. Sisea. La
sombra extraña alta siseante. Unas personas
vienen por la vereda del frente. Conversan. Todo

podría ser un teatro. Ellas, estar actuando. Con
perfecto acabamiento de sombras de colores.
Sombras llenas como si fueran carne, como si
fueran seres. Arriba, el cielo como una sombra
azul que amenaza. Una mantarraya gigante celeste
pasando por el universo. Durante milenios, es
nuestro cielo. Pasa. ¡Saludos a la tierra! Cuando
me vaya, cuando termine de pasar, se van a quedar
solos. Firmado: un dios.
Pensar es morirse como un cielo que se va.

12
La mujer que amo vive en la misma ciudad. Toma
el colectivo. Selecciona verduras en la góndola de
los vegetales. Compra esos jabones que tanto le
gustan. Mira por la ventana cómo asoma la tierra
que viene de la estepa. Enjuaga sus manos. El
agua le acaricia las manos. Enciende una lámpara.
Habla con su hija. Se desnuda y entra en la bañera.
(Esa mojadura podrían ser mis besos lentos en su
cuerpo). Trabaja. Observa cómo el cielo se hace
tarde. Observa cómo la vida pasa en forma de
ciclistas y caminantes por su ventana.
Tal vez mira algunos hombres y los desea. Habla
interminablemente con una amiga. Saca la
bicicleta y pasea por sus pensamientos. En la
mañana con sol. Saca a pasear a su perro. Lo ve
merodear entre los matorrales. Le habla. Abre las
cortinas y entra el sol.
Yo no estoy ahí.

14

Saber qué hacer con una tarde. Cuando a uno le
viene el "culo azul". El que lo pudiera establecer
dejaría una enseñanza. Todo es demasiado res
extensa. Plano. Hasta el final de la nada. No se
termina. Mis vecinos son res extensa. Sus perros.
Extendiéndose por los días. El mar oscuro de la
tarde. Mi madre. Mi madre es res extensa.
Pero las reses en el campo son res gorda. O
engordante.
Como si no hubiera nadie. Como si alrededor se
aparentaran voces y caras y música. La serie plana
de las tardes malditas. El cachorro de mis vecinos
es res llorona. Solamente los galgos quedan afuera
de las res. Los galgos no están en el sistema de los
cuerpos. Son evidentes en sí. Vuelan.
Yo soy res pensante. Y sé hasta dónde se van a
extender mis pensamientos. Antes de las seis.
Hasta qué lugar van a llegar.

16

Ya no tengo orgasmos. Espíritu, espíritu
cansado. Cuerpo viejamente muriéndose. En
el techo dan topetazos los gatos. Y ese canto tan
tremendamente inquietante cuando se pelean.
Los gatos son sopranos. Incluso por las pieles que
tienen. Las sopranos se cuidan. Se envuelven la
garganta con martas suaves. O con zorros vacíos
de sus órganos. Los alaridos de las sopranos llevan

almas aterrorizadas.
Pero todos esos son pensamientos del cansancio.
En una ciudad donde viví unos años había un
hombre soprano. Las mujeres fumadoras son
barítonos. Después de los cincuenta. Camino
hasta el bar. Cansado de mí mismo. Ahí siguen
esas caras pálidas. Reverberan de tranquilidad.
Con las manos envolviendo los vasos. Si sueltan
el vaso se caen. Los sostiene hasta que haya pasado
la tarde.
El vaso los sostiene en la mesa.

18
Soy esa mujer que pasó en la bicicleta. Con
vestido verde y cara cansada. Soy el chico que
abre la camisa de su novia. Para besarle las tetas.
El hombre que prueba la resistencia de las ramas
en una plaza vacía. Para tirar la soga y ahorcarse.
La vieja que barre una vereda a la noche. La nena
que se pinta por primera vez ante el espejo. El
hombre serio y blanco y callado en su catafalco.
El camionero que apaga el motor al borde de
la ruta. Y enciende la hornalla en la garrafa. La
mujer que lo recuerda y lo desea en su cama. Sola
como sobre una balsa. Lenta. Soy el muchacho
que acaba de quedarse mudo. Soy la trapecista
que descansa sobre una lona.
Porque me atraviesan pensamientos de una parte
a la otra.

19

Un tan hermoso nombre no es más que
desesperación. No lo voy a decir. Sería muy fácil
rebatirme. Caminar seguramente. Como pasos
sobre tierra o madera. Pero no muy lejos, las bocas
de la nada. Lengüetean el asfalto todavía caliente
por el sol y las ruedas de los autos.
Los teléfonos tiemblan. Las bocas y los oídos que
se les acercan son agujeros. Algunos tipos están
como escondidos cerca de sus lámparas. El día
acaba de pasar. Y lo que se desvanece no es nada
más que luz.
Ahora sé esto: estoy en un pedazo de piedra más
o menos grande. Que flota en el vacío. Lleno
de tuberías vivas que se succionan materia unas
a otras. Que desgarran los entretejidos que las
hacen ser. Que también vibran juntas y hacen
otras tuberías vivas.

21

Haber sido tantas personas. Por tercera vez en tres
meses soy yo. Pero no una vez por mes.
La semana pasada tuve una cita. En un bar. Era
un hombre que había tenido un ataque. Junto a
una estufa encendida. Su cara dio contra el metal
hirviendo. Era un mapa de barro rojo. Una voz
hermosa salía de esa boca como rajadura. Algo
apagada, es cierto. Decía cosas sencillas. Contaba
anécdotas. Me sonaban un poco conocidas. No

del todo. Tampoco podía definir bien en qué.
El hombre tomaba agua. Cuando yo era chico,
aprendí a tomar agua, dijo. Mi tía masticaba
cubitos de hielo. Todo el día. Tenía las encías
siempre frías y un poco blancas. Ponía diez
cubeteras en el congelador. Siempre que estaba
cerca, se escuchaba el crujido del hielo en su boca.
A mí me dio un vaso de agua. Tomá esto, me dijo.
Es agua más blanda.

22
Gente que va a rezar. Gente que va a nadar. Yo
voy a caminar. La pantalla enorme del cielo se
mueve al azul oscuro. Las pantallas de las caras
de las personas viran hacia el rosado oscuro. En
las iglesias hay mujeres hermosas. El rezo es un
gusano negro. Siempre el mismo. Pasa por todos
los organismos de la congregación. El mismo,
mismo, gusano negro. Pasa por los organismos
de las mujeres hermosas. Por el cuerpo reseco del
pastor. Por las panzas de los padres de los chicos
que corren en la cancha de básquet. El mismo
gusano negro los atraviesa. Una y otra y otra vez.
Su método. Un hilo oscuro que cose bocas.
El nadador sabe que abajo no hay nada. Salvo
un filósofo ahogado. Una brazada y después otra
brazada. El caminante sabe que no hay un yo
entre un paso y el siguiente.

23

Cuatro preceptos. No muchos. Porque los
muchos preceptos multiplican los gusanos.
Primero: no admitir ningún pensamiento hasta
que haya llegado por lo menos al estómago. O al
hígado. En general, después de unas cuatrocientas
treinta zancadas y tres vasos en el bar. Momento
de la tarde en que se asume que el pensamiento
está ahí.
Segundo: dividir al pensamiento en tantas
zancadas y vasos como se sienta necesario para
poder ser uno mientras dura su transcurso.
Tercero: dirigirlo ordenadamente hacia su fin.
El final de un pensamiento es como el de una
persona: de la cabeza al ano, de los pies a la boca.
Lo que se dice se camina.
Cuarto: si el pensamiento viene muy complejo,
apurarlo de un solo trago

25

Mi método se aplica a todas las circunstancias.
A todos los problemas. Siempre se da un
primer paso. Siempre se toma un trago al final.
Es el método universal. La línea por la que se
desenvuelve todo: de los pies a la boca.
Soy el hombre que ama a esa mujer sola. Camino
hacia ella. La invito a un trago.
Soy aquel que llega a su casa. A la noche. Después
de trabajar todo el día. Con sol. Con calor. Me

dirijo a la heladera. Saco una botella de cerveza.
El que camina habla. El que habla toma.
Nazco ayer. Doy un primer paso. Inicio una
vida. Al final, alguien brindará por mí. Si supe
no estar solo.
Soy el yo. Que se levanta y moja su cabeza. Que
da su primer paso del día, hacia el bar. Que llega
al bar y lo encuentra cerrado. Que camina hacia
el mercado. Y ve que no venden alcohol. Porque
hay elecciones. Un perro enloquecido ladra. La
verdad no tiene fondo. Pero en algún recoveco
oscuro siempre hay políticos durmiendo.

26
El que piensa no reza. Porque los gusanos lila se
llevan mal con los gusanos negros. El que reza
lleva miedos profundos adentro. No los dice.
Reza. Yo no pienso. Yo no rezo. Pero los gusanos
lila me toman por asalto. Soy un pensamiento
provisional. Me formé una moral provisional.
Mientras pasa por mí un pensamiento, cuento
hasta diez. No se puede ser visitado dos veces por
el mismo gusano. Lila o negro. El que reza repite
siempre algo distinto. Pero tiene la boca cosida
por un gusano negro.
En mi lengua, "pensamiento" se dice "gusano".
Si pudiera, entrenaría galgos para conducir
gusanos. Pero los galgos no se entrenan. Son.
En mi lengua, "galgo" significa "estilo". Cerca,

ahora mismo, ahora mismo, un perro vuelve a
gritar enloquecido. Me formé un yo provisional.
En mí sostenido. Con esa partitura me canto a
mí mismo.

28

Los pastores conducen gusanos negros. Ganan
mucha plata. Los filósofos conducen gusanos
lila. Viven de un sueldo universitario. Hay
diferencia, entonces. Los pastores trabajan con el
miedo mismo. Y ponen a trabajar a sus propios
clientes. Los mandan a recorrer las calles. A
repartir revistitas y folletos. A reclutar otros
clientes. Como esos sistemas de venta. Te entregan
un paquete de mercadería. Y tenés que lograr
endilgárselo a otros varios vendedores reclutas.
Los compradores se convierten en vendedores. Su
misticismo es casi el mismo que el de los clientes
de los pastores. Nada más que estos tienen como
mercancía al Señor. Las chicas de polleras largas
y pelos lacios. Los hombres de traje. Recorren
las calles. Golpean las puertas. Ofrecen al Señor
por un diezmo.
Los filósofos venden una mercadería que siempre
está pasada. Porque es demasiado lenta.

31

Conversar con mujercitas. Mujeres empezantes.
Mi hermana prima me visita en los sueños. Soy un
hombre de nariz fea. Nunca supe conversar con
las chicas. Tampoco besarlas. Cuando empezaba
una frase, sabía que en un punto tropezaría con la
nada. Y no sabría qué seguir diciendo. Entonces
me volvía siniestro. Que no es lo mismo que
izquierdo. Era distinto con la hermana prima.
El izquierdo es un saber de sueños. Conocí ese
saber con ella. Derivándonos y escondiéndonos.
Conversaciones en roperos oscuros. Juegos en las
casas solas. A la tarde. Hora de la muerte. Cuando
las madres hacían mandados. Excursiones a
huecos escondidos entre los árboles. Lugares
secretos. Las tías solteras son las mujeres más
soñantes. El cuerpo de los hombres detiene
ese saber izquierdo. El mundo de los hombres
envejece rápido todo lo que entra en él. Ese
mundo no tiene esperanza. No tiene espacio
sensible. Salvo que se trate de un tío caminante.
Que no es casi un hombre.

32

Otra vida está en el río. Haber sido nadador.
Cuerpos blancos en el agua verde. Con Tom,
con Huck. Ocho muchachitos tirando andanadas
de agua brillante. Cerca de esa casa del río.
Con ventanales oscuros. Luchando con los pies
hundidos en la arena. El cielo como un puro

sentimiento abierto. El sol, un ojo cálido. ¿Hay
alguien más que nos mira? Nos hundimos en
el fresco y saltamos con los pelos chorreando.
Nos reímos. Hilitos de agua se deslizan por
nuestros cuerpos. La risa abre un espacio sensible.
Temblante. Hacemos la plancha. Entregando las
panzas blancas al sol. Manos invisibles rodean
nuestras caderas angostas de chicos. Labios
escondidos en el aire nos rozan en el cuello.
¿Quién es la novena nadadora? ¿Quién se desliza
secreta entre nosotros? ¿Suspirando, inclinándose,
combada como un arco?

33
Es la tarde. La hermana prima se depila. Esparce
cera por su pierna. La arranca con un tirón
experto. Deja una marca rosada en su piel. Ella
me habla sobre la cera. La cera de las mujeres tiene
distintos estados. En el tarro oscuro, cuando está
fría, es dura. Seguro que ahí hay restos de mis
pelos, dice. Y de otras también. Cuando se la
calienta sobre los dedos azules de la hornalla, la
cera es blanda, espesa. Con esas burbujas de color
caramelo. En las axilas de la prima se achata, un
poco caliente todavía. ¿Es la misma cera en todas
esas formas distintas? No me interesa demasiado.
Además es obvio que es la misma. ¿Qué tonto
se preguntaría eso? Yo no conozco la cera con
la mente. La conozco con la piel, con los días.

Con la práctica de las manos. Las mujeres nos
pasamos de unas a otras el conocimiento de la
cera. De madres a hijas. De hermanas a hermanas.
A primas y amigas. Compartimos los días de la
cera. En una misma cera se van nuestros pelos,
nuestras charlas. Y los soles caen. Ninguna querría
conocer sola lo que es la cera. No podría. Todas
somos ese saber. Acá no hay espacio extenso ante
un yo. Hay una extensión de mujeres viviendo.

34
Nada que temer ni que esperar después de esta
vida. Lo mismo que las moscas y que las hormigas.
Los espíritus animales. Van por nuestros cuerpos
desiertos dando vida. Yo nunca fui hermoso.
La gente hermosa, qué misterio. Qué espíritus
la atraviesan. Todos queremos tocar, ver, besar.
No hay nada detrás de esa belleza. Salvo un ser
que también tiene miedo. Tener un cuerpo. Hay
astros, una tierra. Cosas parecidas. De dónde
vienen los pensamientos. ¿De inmensos espacios
celestes? ¿De la nada? ¿De un espíritu animal?
O son animales mismos, alargándose y saliendo
de nosotros. Pasándonos, venidos de otro lado.
Las personas hermosas. Qué sé yo si no son seres
pálidos que cargan tenias.
La hermana prima entra al agua. Sola. Hermosa.
Nadando hasta el centro del río. La veo desde la
orilla. El sol la sigue. Ojo alto. Quiere saber.

35

La locura del tío caminante. Qué fue sino locura de
los pensamientos. Dios no vino. Lo esperé. O llegó
tarde y yo ya no estaba. Me habré ido a no ser. O
tal vez hacía algún mandado. Hago mandados. No
sé quién los manda. Tengo que hacer esto. Tengo
que hacer lo otro. Mi razón me piensa. Qué sé yo
si no se trata de algún ser puesto en mí. Venido
de dónde. El espíritu proporciona cosas. Vienen,
pasan por mí. Son cosas raramente animales.
Fríamente animales. Tengo que contarlas. Quién
lo manda. Hay un método mapuche para extraer
gusanos de los caballos. Se arriesga un número. Por
ejemplo: ¡digo que en este caballo hay veinticinco
gusanos! Después se dice cuánto miden. Y después
se les ordena ir saliendo. De a uno. Se los descuenta.
¡Ahora quedan veinticuatro! Los gusanos asoman
tímidos blancos. Caen al suelo ablandados por la
muerte. El problema es que en el procedimiento
hay que invocar algún ser santo. Ya no queda
ninguno de esos. O tal vez los mismos gusanos
son los seres santos que nos quedan. Hay gusanos
en la vida, yo no sé...

41

Cómo se inventa una orfandad. No hay método.
Alguno, antes, podía. Pensaba en un método.
Pensó en partir desde nada. Más que sí mismo.
Y tuvo el apoyo logístico de otro señor llamado

Señor. Antes. Podían. Se sacaban de encima las
lampreas antepasadas. Con gran dolor del cerebro
y del yo. Pero lo hacían obviando a una. La Tenia
Mayor. He ahí la clave del método.
Huck se dio cuenta de que tenía un amigo. Lo
vio claro. Cuando su amigo había desaparecido.
Y salió a buscarlo. Abrió un río con una balsa. El
amigo estaba al final del río. Huck no necesitó
inventarse una orfandad. Ya la tenía. Inventó un
amigo. Algo tanto más difícil. Porque el amigo
finalmente estaba ahí para abrazarlo. A fuerza
de abrir un río. El espacio de su vida estaba ahí
cuando quiso darse cuenta.
Ariel Ariel. Debajo no hay nadie.

NOTAS DE UNA SOMBRA
(2014)

...o todavía esos simulacros menos perfectos de las cosas que llamamos sombras.

M. H. Abrams

Parte I

Quería vomitar mi corazón...

Simone de Beauvoir

1

No siempre supe de mí como una sombra. Una vez usé zapatos
puntiagudos de cuero. Una vez vestí camisas blanquísimas
como una luz. Una vez conduje un automóvil reluciente.
Y aunque tampoco entonces los pelos se detenían, había
cortadores de pelos. Se les pagaba. Había iluminadores. Había
peladores de naranjas. Se les pagaba. Yo iba de persona en persona.
Dormía en la oscuridad, pero no había cansancio. El cansancio
era un invento de la pérdida. Mis zapatos sonaban en el aire
del mundo. Podía dar zancadas ágiles. Estaba en el centro
más liviano de la vida.

2

Aprendí a nadar en un río verde que avanzaba por pozos de luz y
silencio. Los peces eran visiones repentinas en el barro.
Braceaba desde un puente rodeado de árboles de ramas negras
hasta donde el río daba al mar. Me acercaba con lentitud
a los sonidos de los pájaros marinos. Movía los brazos como
aspas. Me acercaba al olor a sal y había ahí como un cielo
moviéndose, avanzando y retrocediendo. Una tarde me pareció
ver en el fondo un pez con mi cara. El animal se detuvo un
instante a mirarme con sorpresa. Después dio un coletazo y
desapareció en la oscuridad.

3

Manejé a la luz de las estrellas. Colgaban sobre mí como astillas
quietas y frías de mica. A veces apagaba las luces del automóvil y
recorría la ciudad. Acelerando. Había fondas abiertas donde se podía
tomar vino o licor y seguir. No sé si buscaba la muerte o la vida.
Salía a la noche, al campo, a la ruta, a playas vacías. Aceleraba.
Las ruedas levantaban piedras del tamaño de una mano.
Si le pegaban a alguien, podían vaciarle la cara. No había nadie.
Tomaba ginebra. Volvía a la ciudad y entraba por las calles.
Hundía el acelerador en el vacío. Al desvestirme, sentía la camisa
empapada, como si me hubiera zambullido en un mar.

6

Una idea es solamente un ruego para que algo suceda. No tiene
consistencia. A eso lo aprendí rápido cuando era chico. Algo sonaba
de pronto en mi cabeza.
Pulsaban unas palabras, aparecían unas imágenes.
Y eran una espera. "Cuando mi padre vuelve el día se hace oscuro"
significaba "Espero que mi padre muera". Cuando un padre muere
sale el sol, se abre un cielo secreto. Una idea es una fe miserable.
Lo que ocurre no se sabe de dónde viene. Mi padre finalmente
murió. Ya era tarde. Su ataúd entró en el suelo y estábamos
nada más que yo y un hombre con una pala que sonaba contra
las piedras.

9

Iba a pescar al mar de noche. Los botes flotaban en la quietud negra. Había faroles y linternas, pero la luz no entraba más allá de dos metros en el agua o en el aire oscuro. De golpe asomaba un pez gallo, temblaban calamares ensartados en los grandes anzuelos. Parecía que venían de la nada y flotaban en la superficie de las luces. Yo tenía miedo de que empezaran a gritar. Pero se morían sin producir ningún sonido. Sus cuerpos babosos me hacían acordar a las manos encremadas de una tía. De qué noche vendrían esas manos. Decidí zambullirme y entré en el agua hasta ver los botes y las luces lejos, arriba. Hacia el fondo seguía la noche sin palabras.

16

Supe que el vacío de la lengua era yo. Sentado en una habitación de hotel. Las palabras ya no me aludían. Hablarlas o escucharlas era como ver pasar trenes muy veloces con vidrios negros. Yo decía o contestaba lo correcto, pero no sabía lo que estaba ocurriendo adentro. La ventana, la mesa, la cama de la habitación eran presencias estables sin nombre. Al mediodía y al atardecer, una mujer venía a golpear la puerta. Yo había aprendido una conexión entre esos golpes y una escalera y una mesa bulliciosa y el movimiento de masticación. Aunque esa serie estaba siempre en peligro de ser interrumpida por una noche gigante.

17

Por la ventana, observaba las progresiones de la luz. La forma en que
la luz evolucionaba por una pared como si tuviera unos dedos
lentísimos. El modo en que las sombras se movían o se apoderaban
de un objeto. Era una especie de baile o juego silencioso. El oleaje
de las luces y las sombras. El cielo adoptaba colores y tonos. Yo
no entendía que esto había sido siempre así. Para mí se trataba de
un proceso que aparecía recién. El mundo bailaba una especie de vals
y mis ojos lo seguían cada jornada sin comprender, pero sintiendo
su increíble belleza. Y todo se producía en un mutismo extraño
y sereno. Había un ser gracioso ahí.

19

El ambiente de la luz. Las cosas flotando sobre una negrura secreta.
¿Parecía que el piso se hundía? Llegué sin embargo a una cocina.
Una mujer cortaba papas y sus centros pálidos aparecían y después
los trozaba y tiraba los pedazos en una olla. Observé sus manos
unidas al cuerpo por brazos suaves. El cuerpo era un mecanismo
delicado que yo empezaba a comprender de nuevo. La mujer se rió
de mi cara sorprendida y de mis pies un poco comidos por la
sombra. Yo me reí con ella, de todo lo que estaba haciendo, de
las papas y del agua que se revolvía en la olla y de nosotros dos.
Alrededor podía venir de nuevo esa tormenta de la sombra.

20

Una mujer que reía en el silencio. Una tarde se puso un vestido
rojo y me llevó a una llanura donde el cielo era una extensión
sin límites de luz celeste. Qué importaba si al recostarse sobre
el pasto se veían unas manos oscuras trepando por su cara.
En las junturas del mundo aparecieron seres diminutos
que también tenían ojos y bocas. Nos reímos a carcajadas del cielo
que se iba volviendo violeta. En un cascote vivía una araña
solitaria. Pensativa, quieta durante horas. La Vía Láctea pasaba
como una hilera de lámparas por sobre sus ojos mudos.

Parte II

... los objetos de corazón opaco pesaban sobre la tierra sin saberlo...

Simone de Beauvoir

2

En el río atrapamos peces con caras humanas. Es el atardecer.
Para comerlos, vamos a tener que separar esas caras de los cuerpos.
Los cuchillos entrando en seres plateados quietos. ¿Dónde
vamos a dejar sus caras? ¿Qué vamos a hacer con ellas?
Atravesaron tiempos húmedos en el río; vieron luces y muertes
y vieron risas de peces. Y al saltar se asomaron al cielo
como una caída imposible, y volvieron al fondo del río.
Los cuerpos de los pescados, en la parrilla, todavía muestran
los tajos planos por donde cercenamos sus caras. Parecen
muñones morenos.

4

Las camisas serias en las perchas. Con sus corazones de tela, con
sus manos ausentes planas. Como si fueran pieles de qué animales.
La parsimonia de la muerte.
Un vaso tiene dedos amarillos que usan la sombra para avanzar.
Qué buscan sobre la mesa. Tantean entre las migas. Qué harían
con lo que encontraran. El cristal desea algo vivo.
Las cortinas mueven suaves sus alas de mariposa gigante. Cerca
de ellas, van niños a jugar y miran a través de los vidrios. No ven
las patas grises de esos bellos insectos, enormes, posadas sobre
la pared.

5

Los pies blancos de un hombre en el agua. La sal los rodea. Parecen
moluscos. El hombre empuja un bote con cangrejos. Los carga en
una bolsa. Camina entre unas fogatas de marisqueros. El cielo es
azul hasta el fondo. Duele. De ahí vienen todos los seres. Desde ese
fondo de color profundo caen pedazos de piedras. Unos malvones
rojos parece que tiemblan. Pasa el sol por la tarde. El hombre se limpia
los pies debajo de una canilla, en un patio. En su bolsa hay silencio.
Mi padre es esos pies blancos.

6

Estar muerto, enterrado con la cabeza hacia el fondo del suelo y
los pies apuntando para arriba. Los ojos cerrados, la boca quieta.
La cabeza ya ausente de sí misma. Los pies son el centro de la
inocencia. Guían a los que quieran subir. Los pelos de la cabeza
entre unas piedras, despeinándose mientras las orugas oscuras
del fondo inician su trabajo con la carne del rostro. Ellas recorren
lo que fue un ser vivo. Suben por un organismo silencioso.
Limpiándolo de su vergüenza.

7

Las siento en mi saliva. Cuando salgo al aire helado de la mañana.
También están en los cascotes del suelo, en el cuerpo de un perro
tirado cerca del río. En los ojos marrones de una chica. Son ellas,
las Vergüenzas. Nunca vamos a poder comprenderlas porque nos
niegan su mirada. Lo que se aparece nos esquiva. Y todos nos
envolvemos en los abrigos y seguimos camino.
El viento es aire que ya no nos limpia. Las uvas son racimos
de ojos oscuros cerrados por una sombra. "Qué bueno que no
pasó nada, entonces", decimos, y seguimos.

8

La belleza de la vida del padre se descubre más allá de la voluntad.
Es decir, después de que hubo voluntad. En la soledad de un campo
helado, despertando con la barba llena de carámbanos. Debajo de
un cielo negro, extrayendo seres del mar a pesar del horror. En medio
de una tormenta de tierra, solos en una planicie. Voluntad se dice
seguir cuando nadie seguiría. Es un aparato ciego. Pero más allá
de él se abre una vida. Donde el viento es un ser vivo, donde hay
manos que salen caminando del mar, donde existen animales bellos
y misteriosos que sangran. Donde, en el centro de la noche, junto
a un fuego, un hombre cocina una liebre. Y hace así que la liebre
vuelva al mundo.

9

La ropa de los muertos, hundidos en la tierra. No se trata de la tristeza.
Pulóveres con huellas de sonidos de corazones, zapatos con sudor
de pies que ahora son sombras adentro de un pedregullo. Las camisas
vuelan vacías de hombres. Hay un vestido acostado sobre una cama.
La que lo iba a usar duerme escondida en la tierra del mundo. La
timidez de los que no están. En los roperos cerrados está su silencio.
En el aire de la mañana una vida que estuvo no viene: labios, manos,
hombros curvos, una risa breve. El aire es tan bello y puro; pero
todos duermen.

12

Liviano. Sin órganos interiores ni tristezas. Camino con el abdomen
cosido debajo del traje; un costurón hecho con hilos gruesos de cuero.
Como si fuera el rastro de la mordida emaciante de un dios. La camisa
roza suavemente la parte violeta de la piel. El aire fresco de la calle
es lo único que me toca, en la cara, en las manos. Me siento en una cafetería
y nadie sabe que estoy vacío y tajeado como una res. Pensarán que soy
un parroquiano, un empleado de banco, tal vez, tomando su café de la
tarde. Esta liviandad se paga alto, lo sé. En breve voy a caer de cara
al suelo en el borde de una vereda.
La tristeza es el órgano más difícil de extirpar. Y después, es como una
mano: se está a punto de usarla y se recuerda que ya no se la tiene.

14

Los órganos son espíritus animales detenidos. Todos los días encuentro manos, ojos, hígados al abrir la puerta. Vienen a unírseme. Los hago volver y envío con ellos a mi estómago o un dedo del pie. Soy un conjunto de animales un poco sueltos. En la historia de la simbiosis, estoy un escalón abajo de los demás. Siento que nuestros ojos eran medusas en el paleozoico. Hay algunos animales que todavía son fluidos: la tristeza, la risa. Con la risa cloqueamos como pájaros ridículos. Los animales fluidos, la saliva, las ilusiones, vienen de las corrientes. Los animales viscosos se forman en las grietas y agujeros: la lengua, el páncreas, los pulpos.

16

La risa fue un órgano fluido. Pasó como un viento por la humanidad. En un escalón anterior, cuando los peces se nos unían. Nuestro cloqueo actual desciende de aquella gran risa que nos dio a todos. Archimboldo lo sabía. El sol estuvo cerca y nos quemó los rostros y muchos peces se hundieron en el mar. Ahora miro por la ventana cómo pasa el viento y mueve los árboles, levanta papeles y polvo. Podría haber venido otra risa. Mi cara es una hoja pegada sobre un hueso. Si se arrancara de mí, se iría volando como una gran mariposa pálida con unos ojos dibujados. Los seres que me observan esperan ese suceso.

18

Médicos magnéticos nos tocan los ojos. Escuchan el fluir de nuestra
tristeza. Pero ya estamos fuera de toda escucha. El golpe de un sol
nos quemó la risa. El habla fue un parásito inocente. Salgo de un
callejón por cuyo cielo pasan nubes vivas. Ellas nos van conociendo,
nos observan desde el tiempo lento sin sombra. En la calle veo
caras tan bellas, que se convierten en órganos míos. De dónde
viene este corazón que de golpe se sumó a latir. Era el rostro
de alguien. Atravesó estepas quemadas. Comió costillares de
caballos enfermos. Se convirtió en un yo que ahora me dona un
corazón.

19

Viajo por una década o más. Voy con una valija en la que hay
un solo traje. Llevo sobre el cuerpo el otro traje que tengo.
Me cambio en los pueblos. Ceno con los viajantes, los predicadores
y los tahúres. Mi viaje es una especie de tropismo. Lo comprendí:
soy una planta que crece y se agrega órganos y fluye. Mis ojos
son espejos que reflejan un sol y estrellas y rostros como cielos.
En un pueblo habrá tal vez un dios que me busca. Preguntará
por mí en los restaurantes baratos. Ese dios es sólo una pregunta
deformada. Por las dudas, dejo encargado que le digan que
no existo.

20

Como una muerte o una sombra. Entro en una ciudad cuando
los pájaros rayan el cielo y suena una campana. Escondo mis
manos verdes en unos guantes. Mis pies se pudren, se hunden
en la nada. Me recuesto en la cama del hotel. Una mariposa
nocturna de cara peluda me observa con sus ojos grandes. Está
en el marco de la ventana. Cada tanto duermo. Afuera hay un
viento profundo. Vuelan sombreros. Alguien golpea la puerta.
No atiendo. Viene el alba y se va. Tomo algún menjunje
alcohólico comprado por ahí. Sé que si abro la boca digo
estupideces o rarezas. Como una especie de ser del que no
hay precedente en el mundo de los sentidos.

21

Es una tarde donde el viento parece llevarse las luces. El aire
se hace negro. Y yo camino, casi sin pies. Ser crepuscular. Dejo
mis manos en un banco de madera. No hay sangre, caen de los
muñones una especie de babosas parecidas a tendones. En el hotel
quedó un reloj y un traje recién lavado. Y una mancha indefinida
en la cama. El piso mintió. El cielo fue mentiroso. Tan hondamente
transparente. Pasa una piedra oscura, lenta en la luz del extenso
domingo. No hay tiempo para ser. Me encuentro en un restaurante
con una mujer – vergüenza. Una persona delicada, con dedos
largos, filosos como espinas sangrientas.

22

¿A quién vi esta tarde en una calle desconocida? Sigo. Ya no me busca nadie. No hay deseo. No hay nosotros en el sentido de yo y vos y vos etcétera. Lo que me adviene es un nosotros particular. Este yo nosotrea. Este cuerpo nosotrea. De golpe hay expresiones y hay ojos que creo reconocer. Sigo. La muchedumbre se me parece. Escondido en un callejón, entre unos tambores con olor a tripas. Llevo guantes que no necesito. No lleno mis botas. Sigo. Ya no entro donde hay luz. Como un agua un poco opaca hundiéndose entre los dientes de un desagüe. Como un ser que se va. Como un cielo que se apaga.

23

Con muñones en mis extremidades. Con dos corazones que envían a mi cuerpo una sangre violácea y ocre. Con un estómago y sus yeyunos dormidos. Con una cara a punto de salirse de mí. Con varias tristezas y sus vergüenzas como parásitos blancos. Con una risa que viene y viene. Y camina por las venas rebeldes. No hay espíritu. Mi lengua será pronto un molusco. Las moscas visitan mis orejas. Conversan murmurantes. Los perros me ensalivan con sus lenguas – gusanos. Pasé varias veces por un parque lleno de árboles con caras verdes. Abrieron sus ojos y me miraron seriamente. Los árboles me escuchan desde lejos. Sus oídos perciben hasta el mínimo roce. Están atentos a las risas.

24

Unos pájaros cruzan el cielo. Siguen las corrientes que van de sureste
a noroeste. Hay antenas y pituitarias que nacen para captar esas
fuerzas. Las nubes las indican con sus fibras de luces lentas. Debajo
del cielo, duermo junto a un álamo. Los nadadores saben de corrientes
vivas. También los cardúmenes. Entran en ellas y son como grupos
de agujas con ojos. Con ellos sueño. Lo que aún permanece de mí
descansa. Hundido cerca de unas raíces frescas. Mi cara fue el insecto
que se había prometido. Observa a los transeúntes posado en un
poste de luz. Con unas alas blancas que fueron mis mejillas.

25

Los dormidos. Los que esperan. Por las calles andan sus cuerpos.
Los cielos pasan sobre ellos. Manos con uñas largas llenas de tierra.
Escondidas en bolsillos de abrigos. Zapatones sucios. Caras calmas.
No habitados aún por la Vergüenza. Las corrientes del habla los
atraviesan como cortocircuitos. El habla de la risa. ¡La gran risa,
se espera que llegue! Los seres de piernas cansadas y rostros
que se esconden. Pueblan las terminales de ómnibus. Que no los
atrape la pregunta deforme de dios. Que la uña – espina del soy
no les llegue a punzar el corazón. Que un gusano llamado miedo
no se coma sus pensamientos.

LA RISA HUÉRFANA
(2016)

¿Cómo podía saber, solitario, que la tie-
rra no iba a morir, que nosotros, los ni-
ños sin claridad, íbamos pronto a hablar?

René Char

Vengo de una Galga Mayor

1

Como no tuve mis antepasados (los negué), entonces
crie unas piernas y corrí corrí. Me fui de ellos
y ni los iba queriendo más, y así era adelantarse
a lo que no era.
Correr. ¿Quién me había lanzado?
Nadie, nadie me había empujado, pero me fui
de los que me habían sido y la tierra se fue vaciando;
a las cosas se les salía como un agujero negro,
como un silencio quieto mientras yo iba pasando;
a las compañeras de mi ser se les abrió una palabra
que era como un cielo y su pronto.

2

Me fui criando como una especie de cuerpo nuevo
con la persona distinta. Fue a partir de las piernas,
desde ahí fui subiendo nacido, diferente.
Las patas eran ojos que iban tanteando, ¿qué seré, qué seré?,
decían y decían. Y yo subía por las venas,
por los músculos fuertes de tanto correr. Subía ojeado nuevo,
secreto.
En el medio del movimiento del ir, se me iban apareciendo
unas manos del sentir, un decirme yo. Como
si fuera una sangre tibia queriendo hacia su arriba
y creciendo.

3

Entonces fui como un poblamiento, fui como un entrar
en cuerpo.
Cuando llegué a mis ojos y vi las cosas del mundo,
me quedé bastante quieto por dos días,
veía el sol la tierra larguísima los árboles moviéndose verdes
¡los animales! ¡las otras personas! Cuando llegué a mis orejas
y escuché al mundo, me quedé silencioso por tres días,
y escuché el agua que goteaba el susurro de la brisa
el grito de unos pájaros y la voz humana,
la voz humana.
Ah, entonces llegué a mi piel y sentí la tibieza de la luz
la caricia de otras manos la aspereza de la ropa el frío,
metí mis manos en el agua y era como una piel fresca
envolviendo.

4

Probé las cosas de comer y de tomar, muchas.
Las aceitunas verdes y negras; la carne de las aceitunas negras
era como una noche blanda,
la carne del queso era como un silencio.
Desde el estómago me subían manos a pedirme cosas,
eran unos bichos de hambre, querían saber, querían saber
y probaban.
Había un gusto de cosas limpias. Salía el sol y alguien
volvía del mar con pescados y su belleza plateada quieta
se abría para que les viéramos los músculos blancos,
y les tiraban pimienta y orégano y especias.
Los ojos de los peces muertos apuntaban uno para el cielo,
y el otro miraba la oscuridad del suelo.

5

Y todo eso había sido sin un sentimiento, era parecido
a una máquina que se descubría viva;
pero ahí llegaba yo a un corazón, ahí estaban las cosas
que hacían latir y llorar, había ojos que golpeaban
al pasar por uno, voces de gente que traían los seres
de la emoción, susurros escondidos en la carne,
y había labios y los decires se venían como agujas. Y
las distintas partes del cuerpo que saben sentir. Entonces
descubrí que yo flotaba en una especie de agua de mí,
más amplia que los brazos el torso la cabeza las piernas,
más amplia que ese estar corporándome,
y en esa agua
yo era como un ser yendo y viniendo, transmitido y
atravesado por queridas.

6

Así me inventé: de la cultura de los corredores soy.
Tuve unas piernas fuertes que daban zancadas y pasaban
los kilómetros de los kilómetros. En el cielo
se corrían un sol y una luna mientras yo avanzaba:
el tiempo se podía medir por los pasos de la carrera:
"¿cuánto tardaste?", preguntaban, "tardé cincuenta mil
pasos de carrera", se respondía. Si había que saltar un río
o pasarlo por su parte honda, se hacía; esas piernas
saltaban alto y de un envión agarrábamos pajaritos
de los árboles y les comíamos sus muslos voladores.
Cuando un viejo no podía correr ni saltar,
se moría de tristeza y se lo enterraba con el corazón
ya quieto.
Se había ido a descansar.

7

Las mujeres corredoras tenían piernas largas, eran mismísimas.
Mi madre fue una corredora-fundadora.
Ahora que lo digo pasó así.
Mi madre era de las primeras en el arte de la carrera.
Por eso le decían La Galga Mayor. Cuando todavía no había
cultura de las piernas, cuando todavía no existían
seres humanos tan ágiles, mi madre ya partía de madrugada.
Se ataba un bolso con correas y en un cinturón llevaba
su botellita de agua, y cuando salía en lo semioscuro
le relumbraban las piernas hermosas.
Y con unos pasos de potrilla entraba en la velocidad,
y todavía no estaba el sol cerca del borde,
donde quema su cara grande.
Ahí ya salía mi madre.

Ahora que lo digo fue así.

8

Hasta muy vieja corrió con sus piernas de fibra. Desde
muy joven corrió con sus piernas. Niña corredora
bajo los cielos quemados de azul.
Sola. Definiendo un estilo,
marcándolo con pasos golpeadores de cascotes,
asustadores de insectos.
Cuando ella se acercaba a una ciudad, la anunciaban
montones de abejas desbocadas y saltones con las caras verdes.
"Ahí viene la niña de los insectos", decían, "la que los huye".
De entonces quedó decir, con las mangas de langostas,
que venía la niña de los insectos.

Embarazada de mí, casi adolescente, hermosísima
como una muerte, corrió sosteniéndome en sus aguas
internas.
Yo dormía en su panza ovalada, aprendía el ritmo.
Así se forman las culturas.
Cuando ella me desaguó, lo primero que asomó al mundo
fueron mis piernas, y ya calzaban unas zapatillas finas
de correr.
Los niños galgos nacemos por las piernas.

9

Digo: recorrimos juntos carreteras y campos y costas.
Cuando pasábamos como un viento,
las moscas se levantaron de las piedras
o de las masas de algún ser muerto;
las golondrinas acuchillaban el espacio celeste
con sus zambullidas; unos caballos
nos acompañaron y se murieron de cansancio.
Reposamos en mediodías que parecían la piel masiva de la luz
y había un silencio pegado a las cosas y al agua.
Aprendí la lengua madre del cuerpo; presentí a mi lado
sus pasos de gacela que no parecían tocar el suelo
ni pisar las piedras.
Aprendí el arte de las piernas de una Galga Mayor.

Fui un adolescente de la estepa

...y dotarse de todas las variedades de ojos y conciencias para explorar los lejanos horizontes

Friedrich Nietzsche

1

En el cielo enorme pasaban pájaros solos, muy alto
(yo los dibujaba haciendo un punto en una hoja blanca).
Los sonidos se escuchaban opacos, hundiéndose en el
cuerpo abierto del día. Aprendí a leer el horizonte antes
de conocer la primera letra. Yo fui un animal joven.
Puedo ahora decir el verbo "fui". Ya puedo usar ese
tiempo verbal que indica como un tajo, o un vidrio que
se pone adelante y no deja pasar hacia donde hubimos.
Pero antes no había vidrios, ni casi había paredes.
Fui un ser del espacio y ahora soy un ser del tiempo.
Había una sola dimensión: abierto hacia todos lados.
Vivir era como estar cayendo siempre en el aire.

2

Los días de la estepa eran larguísimos. Larguísimos.
Yo pensaba que solamente así un día podía llegar
hasta el horizonte. Para mí un día empezaba en un
punto y se extendía como un mantel de goma blanca.
O como el cuero de un animal muerto. Muchas veces
traté de quedarme despierto para descubrir el punto
en el que el día se abría adentro de la noche, y cuando
se hacía luz. Nunca lo logré. Siempre ocurría que
intentaba sostener mis ojos en el cielo atravesado por
líneas de estrellas, y había una oscuridad en la que me
iba, y de golpe abría los párpados y ya era la mañana
y el día estaba corriendo.

3

En los días larguísimos estaban los silencios. Había muchos.
Estaban las corrientes de silencio y estaban los lugares
de silencio. Y había seres que acababan de silenciarse
y dejaban su hueco en el silencio profundo de toda la estepa.
Yo les había puesto nombre a los silencios que escuchaba,
pero me los olvidé. Solamente me acuerdo del nombre
de un silencio que escuché, y fue la presencia muda de
un hombre sentado en un bajo de matorrales, a doscientos
metros de mí. Ese silencio se llamaba "souí", y pasó una
sola vez. No me acuerdo de cómo se llamaba el silencio
de mi padre muerto. Si un pájaro se callaba, quedaba
como un punto claro en la noche.

4

A veces pensé que me había quedado sordo, de tantas horas
que pasaba sin escuchar nada. Me olvidaba de mis orejas, me
ensimismaba. Entraba en los pastizales secos, que duraban
días de días. Eran como otro mundo. Si me paraba sobre las
manos parecía que había un cielo amarillo. Cuando me acostaba,
creía que sentía el movimiento del espacio. Era como un mareo
suavísimo, pero daba vértigo. Tal vez sentía el pulsar de la sangre
o la vida moviéndose y creciéndome en el cuerpo.
Los pastos eran como miles y miles de pensamientos serios.
Las liebres parecían nadar rápidas, medio hundidas en un agua
reseca.

5

A la tarde cruzaban camiones por las rutas de tierra
y levantaban una nube de polvo que parecía un ser vivo.
Un monstruo se alzaba despacio del camino y se quedaba
un tiempo largo con la cabeza perdida en el cielo. Tal vez
pensaba, tal vez buscaba algo. Yo jugaba unas horas
bajo su influencia. Era un pueblo oprimido por el dragón.
Era un soldado griego y tenía que ir por la llanura y atacar
al devorador de muchachas. El monstruo se disolvía lento
en el celeste.
Y su presencia me había convertido en muchos.

6

Los niños son como escarabajos grandes. Siempre
metidos en el suelo, con las manos en la tierra y
en el agua. Y escondidos entre los yuyos. Yo fui uno
de esos niños escarabajo. Criaba mis fantasías y
las inoculaba en los cuerpos. Y entonces algo celeste
los iba poblando y vivían. No sabían que esa vida
los devoraría. Los árboles de golpe tenían una mente.
Las liebres reían con una risa de niña huérfana.
Las lombrices hablaban entre ellas en la noche fría
del suelo. Una piedra se despertaba.

8

Yo fui un animal joven. Tuve mis fuerzas y mis momentos.
Primero descubrí la alegría. A la tristeza no la tuve que
descubrir, ya estaba en el mundo. A veces iba solo, y me
perdía en el terreno de los matorrales, y veía los animales
y los insectos. El vaivén de los seres vivos.
A la muerte no la tuve que descubrir, ya estaba en el mundo.
En la soledad de los pastizales pensé en la muerte. En el agua
fría de un canal pensé en la muerte, y me dormí flotando y
cuando abrí los ojos vi que había llegado el cielo de la noche.
Temblaba, pero no tanto por el frío, sino más bien que la muerte
ya había estado mucho en mi cabeza. Entonces me vino este
pensamiento: "Soy un cuerpo vivo".

10

Todo se movía, los pastos, los matorrales. Las nubes pasaban
con su sombra sobre los campos, como espíritus pensativos o
tristezas. Corríamos, corríamos. Seguíamos las rutas de los
animales; seguíamos las migraciones, y a veces las aves y
las langostas parecían mareas verdes o negras, o suelos
que de golpe se levantaban enteros y volaban. Todo se movía.
Nuestros sueños estaban llenos de carreras y mugidos, y
del temblor de los incendios lejanos. Eran grandes aves
rosadas, en vuelo, que torcían el cuerpo e iniciaban una
escalofriante caída de mil metros hacia el mar sombrío.

11

El espacio vivo. Moviéndose, ondulándose, hundiéndose
en los ríos. Y nosotros ahí. Pasábamos al lado de los caseríos
o las ciudades, éramos sombras rápidas en el mediodía.
El ladrido de los perros sonaba con el tono extraño y
metálico de la distancia. Seguíamos las rutas animales.
Líneas de faunas que se dividían, que buscaban órganos,
segregaban ojos, formaban músculos largos. Las llamábamos
los Husos. Estaban el Gran Huso del Norte y el Huso Central
y el Huso de los Pastizales del Sur. El espacio viviente.
En el Huso del Sur una noche vi la curva de las estrellas
y entendí algo que no recuerdo, y lloré.

12

Nuestras mentes a la velocidad de las llanuras de matorrales.
En ese vértigo asesino. Los días parecían luces y sombras
sucesivas. Los terrenos rotaban sobre sí mismos. Escuchábamos
en la distancia la respiración de los animales, sus narinas
buscando aire. Y escuchábamos el nacimiento de la vida
y de los seres. En las jornadas de cacería, los soles paseaban
por el cielo sus rostros delgados, observando. Con las cabezas
como vientos vivos, acorralábamos a las presas y sentíamos
su piel suave y su temblor de muerte. Y a la noche,
junto a los fuegos, yo veía la azotea negra del espacio
y me parecía un gran pensamiento ondulante.

13

En el Huso de los Pastizales del Sur vi gente. Crucé un grupo
de muchachas. Trotaban bien, con zancadas largas, y en sus
espaldas colgaban bebés de avestruces con los párpados muertos.
Llevaban arcos y cuchillos atados a sus cinturas. Me observaron,
ojos grandes y serios de chicas de la llanura. Una de ellas de golpe
se llamó Erberta. Pasaron una zona silenciosa y después cantaban.
Escuché sus voces durante kilómetros de kilómetros. Las traían
las corrientes de aire tibio. Y entre ellas cantaba Erberta.
Eran canciones tranquilas de muchachas cazadoras, historias
de sus antecesoras, y de cómo habían saltado cañadones
enormes, y de cómo habían nadado en el mar helado y negro
del sur para cazar pájaros en una isla escondida.

14

Mis sueños corrían como galgos nocturnos a buscar a Erberta.
La soñé tensando su arco y abriendo la piel de una liebre
con un cuchillo. Las manos rojas de Erberta. Cantaba, y su voz
era un aliento pequeño en el gran soplo de la vida. Vi el sudor
en su rostro, cuando trotaba con sus compañeras, y vi sus ojos
serenos. La vi envolverse en una manta de cuero, cerca del fuego,
y escuché cómo una chica susurraba su nombre en medio de
la noche negrísima. Y otra vez la vi levantarse y atravesar
un prado verde, y vi cómo se agachaba detrás de un arbusto,
y escuché el sonido tierno de su orina. Y me sangró el corazón.

16

El Huso del Océano. La gente cantaba de noche junto a las
parrillas, donde se ahumaban pescados y mariscos. El aire
y la sal mordían las caras. Seguí a unos pescadores y recorrimos
bahías y ensenadas solitarias y playas donde gritaban los pájaros.
Pescábamos, nos hundíamos en el agua y veíamos el ahogo
opaco al que huían los animales. El mar era un ondular infinito
y en él también se movían y palpitaban seres buscando órganos
y materias. Pasamos por unos acantilados en los que reventaban
las olas, blancas como una furia. Y ahí, en esa furia, vivían
unos animales a los que llamaban "dientes".
En un campamento conocí a una muchacha que me llevó a
su frazada, me envolvió con sus piernas largas e hizo pulsar
un corazón sin nombre.

18

Perdido en las faunas en las que me iba perdiendo, como
unos soplos entre árboles grandes. Mi cabeza viajaba al
interior de los animales. Tenía necesidad de varias almas,
era múltiples sombras poblando los cuerpos, y sus ojos, y
sus sentimientos. Cómo se otea con los cuellos largos y
los ojos enormes que inventaron los avestruces. Cómo se
corre con los muslos de los galgos. Cómo se forman esos
muslos, esos ojos. Cómo se escribiría una frase con esos
ojos y esos muslos, y esas almas. Una escritura entreanimal,
no nacida, formándose. Con olfatos, con rastros, con saltos
enormes y felicidades, y con sangres y con muertes continuas.
Una escritura entregalga, que no nació de nadie, aunque
sigue y viene de los cuerpos que hay, que hubo.

19

Hay que tener un cerebro ondulante y hay que conseguir
músculos largos. En la inmensidad de las estaciones que
suceden. Llegan los vientos, llegan los extensísimos terrenos.
Llega el invierno con sus peces en lo oscuro de los ríos.
Nuevas pituitarias sabrán buscar los aromas fríos y babosos,
se orientarán en las tierras destempladas, seguirán los humos
de las fogatas grandes. Hay animales con una curvatura original,
hay animales que son encrucijadas. En un gesto que repito,
se va formando una mano otra. Mano con ciertos dedos
extrasentimentales.
Ahí van las pieles, el suave centro de los enjambres, una cara
que podría haberse llamado Erberta. Y hay un espacio profundo,
que no es el lugar de nadie.

LOS NIÑOS DE LA NOCHE
(2021)

1

¿Cómo hacemos para no hundirnos? Si todo está tan
vacío. Hay pies. Hay que agrandar los pies.
Hay que ponerse globos en los hombros. Que sostengan.
La tierra parece que no se termina hacia abajo.
Hubo tragados. Hubo gente que se fue hacia adentro;
ahí está en algún lado. Viajan los idos
con sus caras que alguien quiso
y con los besos en las mejillas.
Hay señoras que estaban.
En el transporte van todos tan serios. Veo
ojos con secretos, pero la mirada es plana, como
perdida. Los ensimismados.
El cielo es tan grande, tan grande. Profundísimo
hacia un lado y hacia otro lado.
Debajo de la tierra, un poco lejos, sigue el cielo,
sigue el cielo, y se hunde en sí mismo.

2

Caíamos, caíamos, cuando éramos chicos. Aunque
no lo sabíamos. Con los pies blanquísimos y
respirando.
Corríamos por las arboledas, el aire sonaba enorme.
Venía la noche y había de golpe luces y
el cielo negro era como un vidrio con estrellas.
Los niños. Cómo sostenerse, agarrados al pasto,
las piernas trabadas a las ramas de unos sauces.
En los sueños nuestras cabezas eran visitadas,
silenciosamente,
por los niños de la noche.
Los niños-insectos
tocaban las ventanas y nos miraban desesperados.
Las patitas rozaban el vidrio y hacían ese ruido
acuciante.
No tenían palabras, no tenían cómo decir
nada.

3

Esto dije de niño:

"Estamos cabeza abajo. Y nuestras mentes pesan,
las manos que vuelan por el aire bajan,
se ponen al lado del cuerpo; serían tan pesadísimas
si no las retuviéramos con nosotros. Se iban a perder
en la noche.
Quiero tener
los huesos vacíos como los pájaros.
Quiero ser una chica de piernas livianas, tan rápida, saltar
los cercos.
Lo que nos pesa se caerá.
Viene
una noche, viene con sus estrellas raras.
Y todo estará demasiado hueco.
Quiero ser esa chica saltamontes que corre bajo el último sol".

4

Afuera está la más noche.

Más todavía.

Todos hacen algo, como antes.

El padre encendía el fuego y se quedaba un rato
con los ojos atraídos por la luz.

La madre preparaba las camas: hacía volar las sábanas
al sacudirlas, y la niña que las tomaba enfrente
era una fantasma.

La noche venía como desde abajo, entre las patas
de las mesas y los perros dormidos y los cascotes;
poblaba el mundo como un agua que subía hasta
las manos y pasaba para arriba.

En el cielo se venía un estrellerío silencioso.

La tía lo veía llegar. La niña que estaba con ella
era una fantasma.

Era como tener la noche arriba y
la noche también al lado.

5

Gente con la cara quieta, ojos ausentándose.
Hombres, mujeres, los veo.
Apoyados en una pared, parados en el colectivo,
caminando.
Sentados en el borde de la cama.
Tal vez se vaciaron o se hundieron
en algún hueco.
Tienen ojos neutros.
Se les dice "metidos en sí mismos".
Pero si no están. Pero si sus caras no son ellos
por un minuto.
Con las manos apoyadas en la mesada y los ojos
idos a través de una ventana.
Tal vez el agua corre por la canilla sin saberse.
Un brazo acodado a la mesa y la mano
que sostiene la mejilla. Seguramente un vaso o
una taza cerca.
Se les dice "perdidos en sus pensamientos".
Pero no están. No están ahí. Parecen gente de cera.
¿A dónde fueron?

6

Este suceso:

Corrimos por la calle de las vidrieras y estaba
el cielo blanco de la primavera y nuestros zapatos
hacían ecos con sus viejas suelas gruesas.

Todos se habían ausentado.

El sol parecía hacer ruido detrás de los edificios.

Pero entonces uno dijo que no era el sol sino un agujero negro.

Y nadie preguntó qué era un agujero negro.

Vi las caras de los otros chicos que escuchaban
cómo se vaciaba el cielo.

Entramos en la cafetería abandonada y nos servimos tazas
de chocolate, y algunos comieron bizcochuelo y budín.

Mientras, despacio,
llegaba la última noche de las infancias.

7

Hay personas que viven debajo del cielo. Directo.
Las manos les reverberan. Y el sol
cae a sus tardes como por un agujero celeste.
Salen los niños al patio, merodeados por avispas
de ojos oscuros.
Caminan de la mano familias enteras, por la avenida,
y viene una noche tan baja que una nube espesa
y negra roza las nucas de todos, y peina los rulos
de las mujeres elegantes.
Algunos se besan cubiertos por esa noche.
Creen que viven debajo de un cielo y solo es
un vidrio opaco, y detrás de él hay seres brillantes
enormemente terribles.

ENTREVISTA A ARIEL WILLIAMS

"Correr, hundir la cara en el suelo oscuro y poder agujerearlo: eso es la escritura"

por Marcelo Daniel Díaz

— Hay algo que en lo personal me demora: ¿Qué lee un poeta? ¿Qué autores, Ariel, ingresan en tu biblioteca? ¿Y de ellos qué recuperás? ¿Por qué?

Como todos los que escribimos, leo mucho. Y a eso hay que agregar las lecturas que se suman por mi profesión (soy docente). Pero, por supuesto, no todo ello ingresa en mi biblioteca ni tampoco recupero siempre algo de esas lecturas en el momento de escribir. Creo que el tema de cómo aparecen los textos leídos en el propio proceso de escritura es bastante complejo y difícil de explicar; nunca se sabe cómo va a resonar en el trabajo lo que uno ha leído. Y tampoco es algo que cada vez se pueda decidir, no siempre depende de la voluntad. Cuando estoy inmerso en un proyecto de escritura, hay períodos en los que busco climas, tonos, lenguajes y registros en ciertos textos o autores: esas lecturas ingresan, tal vez, de manera más voluntaria; hay otros momentos luminosos de la escritura en los que todo resuena, todo encaja en lo que se está escribiendo, y casi se podría decir que uno no solamente lee literatura, sino que también lee el mundo, la vida, las conversaciones, etc., y de allí extrae texto: tonos, modismos, expresiones, sensaciones, imágenes. En esos momentos uno lee desde lo que está escribiendo, o tal vez habría que decir que es leído.

Creo que de alguna manera uno lleva la biblioteca en sí mismo, y esta se forma fundamentalmente como una memoria literaria. En esa memoria, entrelazándose, activándola, dinamizándola, reefectuándola, tiene un lugar importante el trabajo de escritura mismo. La escritura es una forma muy intensa de leer y releer.

Con respecto a los textos y autores, puedo enumerar momentos de mi vida en los que recibí marcas fuertes de ellos. Pienso que allí se incluyen varias etapas, y me da la impresión de que cada una de ellas va sumando capas de sentido, capas de lenguajes, de efectos, capas estilísticas y de sensibilidad.

Está la etapa de la infancia y la adolescencia, en la que fueron fundamentales Pablo Neruda, Dylan Thomas y Almafuerte, que eran los poetas que leía mi padre y cuyo gusto nos transmitió a sus hijos (solía recitarnos poemas de Almafuerte a mí y a mi hermano, cuando lo acompañábamos en sus viajes de trabajo). Él también nos enseñó a escuchar a los poetas del tango. Y mi madre tuvo un rol muy importante en el sostén de la lectura: nos inscribió en la Biblioteca Popular de Trelew y siempre nos motivaba a leer. En la escuela secundaria, descubrí el Siglo de Oro leyendo el manual de Literatura Española (Lope, Sor Juana, Garcilaso, Quevedo, San Juan de la Cruz...). Entre las lecturas infantiles, los clásicos de Mark Twain fueron fundamentales para mí: la recreación del dialecto popular del Mississippi que hizo Twain (¡él habla de Jim, en *Huckleberry Finn*!), a pesar de que lo leí traducido y, a veces, en versiones reducidas y adaptadas, constituyó un modelo de poética que aun hoy siento muy presente. Por último, en esa época una amiga de mi madre me regaló *Canto a mí mismo*, de Whitman: otra lectura determinante.

Después vino la etapa en la que cursé la carrera de Letras en la UBA, donde veo dos momentos: uno primero muy mallarmeano y otro segundo en el que aparece la escritura literaria en todo su esplendor "lenguajero", por así decirlo: cuando descubrí a Vallejo, Gelman, Girondo, Cortázar, Thénon, Guimarães Rosa, Parra. Es allí también que leí por primera vez a César Bruto.

Alrededor de los treinta años, en un texto de crítica poética, me encontré con unos poemas de Georg Trakl, que me produjeron un verdadero shock y cambiaron mi forma de escribir. Como en Puerto Madryn era imposible conseguir compilaciones de su poesía, busqué textos suyos en internet, pero las traducciones eran espantosas: no estaba en ellas el Trakl que me había impactado tanto. Más tarde, Arturo Carrera me dijo que tenía que leer las traducciones de Aldo Pellegrini. Por suerte, Corregidor las reeditó y así pude acceder a la obra de Trakl de manera más completa y en una traducción excelente.

Una cuarta etapa ocurrió pasando los cuarenta años, cuando volví a leer *Una temporada en el infierno*, de Rimbaud, y no paré de leerlo durante dos años, más o menos. Junto con *Música desconocida para viajes*, de Cristian Aliaga, y *Los papeles salvajes*, de Marosa Di Giorgio, me introdujeron en la prosa poética.

— Quizá estemos en una época, no lo digo yo, lo dicen autoras como Bellessi o Genovese, en la que la poesía argentina comienza a correrse hacia un tono más lírico, más sensible, donde predomina la emoción. ¿En tu caso la poesía y la escritura de poemas estaría ligada con esta idea? ¿O la tensiona? ¿Cómo podríamos definir un estilo en tu obra?

En principio, la poesía que yo he escrito siempre estuvo atravesada por la emoción, la sensibilidad y el lirismo, incluso en sus momentos más experimentales, como *Conurbano sur* o *Los fronterantes*. De todos modos, siento que, desde *Discurso del contador de gusanos*, se añade un tono nuevo, más duro, irónico y hasta sarcástico, que antes no estaba. No creo que sea casualidad que este tono aparezca precisamente en el momento en que empecé a escribir prosa poética: la impronta de Rimbaud es allí notable. Por supuesto, esto no significa que renuncié al lirismo y la emoción, sino que se trata de una capa estilística nueva que, posiblemente, entra en tensión con lo lírico y lo sensible, aunque, al mismo tiempo, el contacto entre ambos puede tener como efecto que se intensifiquen mutuamente.

Pienso que el estilo de un escritor se va conformando con diferentes capas en las que sedimentan, se entrecruzan, se reconfiguran y se activan o atenúan elementos de distintas épocas. Tal vez exista algo así como un estilo básico, que se forma en el proceso de constitución de la subjetividad: un magma de ritmo-sentimiento, que casi es la primera manifestación del individuo, entra en contacto con el lenguaje. A él se agregan lentamente los tonos, los estilos, los registros incorporados en los primeros años de escuchas, de lecturas, en los primeros intentos de escritura, las primeras fascinaciones e imitaciones, y también otros elementos provenientes de las hablas familiares y sociales, de experiencias, sentimientos, etc. Sobre esa base trabaja el escritor cuando comienza a definir un estilo más de oficio, que tiene que ver ya con búsquedas propias, con proyectos de escritura que irán definiendo registros, tonos, temáticas, recursos. El trabajo (la lectura consciente, la búsqueda, la experimentación) es fundamental en esta nueva capa estilística y las siguientes: el estilo se configura y se transforma en un campo de prácticas de escritura.

Desde mi punto de vista, un poeta, cuando está trabajando en un proyecto, reconfigura su estilo de manera parecida a como lo hace un boxeador que estudia a su rival y, al hacerlo, reeduca su cuerpo con el fin de adquirir el sistema de reflejos necesarios para reaccionar y moverse ante, con y contra el rival. De esta manera, el boxeador, mediante el trabajo, condiciona su cuerpo para producir las acciones y reacciones destinadas a eludir, amagar o atacar, sorprender. En el caso del escritor, es el estilo literario el que se reconfigura, siguiendo las búsquedas, los hallazgos y los efectos que van apareciendo en el desarrollo de un proyecto de escritura. La práctica continua va casi automatizando ciertos elementos que de a poco definirán el estilo de un libro. Y hay un momento en que simplemente fluye. Esto me ocurrió a mí de manera muy marcada cuando estaba escribiendo *Conurbano sur*. Como el proceso de construcción del mundo-lenguaje de ese libro me llevó cuatro años (dos dedicados a un libro anterior, que quedó inédito), llegó un momento en que yo era capaz de improvisar libre y fluidamente (incluso de manera oral) en el estilo que había elaborado. Esa experiencia tan profunda quedó como una capa estilística que cada tanto se reactiva y fluye en otros textos (por ejemplo, reemergió, no exactamente igual por supuesto, en mi novela *El cementerio de cigarrillos*). Pero también ocurre que permanece "dormida" o atenuada mientras estoy inmerso en un trabajo nuevo, que exige una reconfiguración del estilo.

Así que pienso que el estilo de mis libros podría definirse como una especie de base musical-sentimental, atravesada por la lengua, que se ha ido ampliando, abriendo y modificando con las experiencias, las lecturas y las escrituras, y que se reconfigura y transforma con la construcción del mundo-lenguaje de cada libro. A veces, de golpe, se abre a experiencias nuevas que la impactan. En el proyecto que llevó a *Conurbano sur*, esa base musical-sentimental se abrió de golpe ante el impacto de dos hechos sociales ocurridos en los años '90, y de lo que en ellos escuché: uno fue la implosión del Albergue Warnes, el otro, la toma de la Plaza Lavalle por los jubilados, y su posterior represión y desalojo por parte de la policía. Allí, además, se activó una experiencia de lectura que fue esencial en ese trabajo de escritura: la obra de César Bruto.

— Y con respecto a la pregunta anterior. ¿Tus libros los elaboras día a día? ¿Con un horizonte de fondo? ¿Un programa a seguir? ¿O existe un momento epifánico, disruptivo, que te llama y modela una voz? Como si fuera un dictado espontáneo y luminoso.

En general, trabajo día a día, con un horizonte de fondo, que es el proyecto de un libro: yo no escribo poemas sueltos, escribo libros. E incluso me sucede que, cuando escribo un poema único, no sé qué hacer con él; queda ahí, a la espera de una serie que lo incluya. Por supuesto que, en ese contexto, pueden ocurrir momentos epifánicos en los que, de golpe y sin transición, fluya un poema o una serie completa. Eso me pasó, por ejemplo, con "Vengo de una Galga Mayor", la primera parte del libro *La risa huérfana*. Es decir que, sobre un fondo de trabajo continuo relacionado con un proyecto, puede haber arrebatos; pero yo más bien adhiero a la idea de Picasso: "La inspiración me tiene que encontrar trabajando". Y si sucede que, en una repentina inspiración y fuera de todo contexto, me surge un poema o una serie de textos, como ya dije, hasta que no me sea posible incluirlos en un proyecto mayor, permanecen guardados en las cajas de apuntes, ideas y búsquedas truncas.

— ¿Escribís sobre lo que leés? ¿Cómo?

Suelo escribir reflexiones, interpretaciones, comentarios de mis lecturas en cuadernos y libretas. En ellos, también anoto impresiones, ideas y reflexiones relativas al proyecto que estoy desarrollando en ese momento. Son ideas sueltas, en general, que en algún momento pueden integrarse a algo más estructurado. Sin embargo, no deseo llevar adelante un proyecto de crítica literaria ni de reflexión sistemática sobre la literatura. Cuando trabajaba en la universidad, escribía artículos, trabajos académicos y prólogos; pero es algo que ya casi no hago. Al menos por ahora, la escritura literaria ocupa casi todo mi tiempo libre.

— ¿Qué esperás de tus lectores? ¿A veces me pregunto qué hay detrás de la trama de emociones que anudan una idea en los otros? ¿Hay un lector ideal para la obra de Williams? ¿O lo mejoraría dejar abiertas las oportunidades para nuevas lecturas y así?

A los trece años leí por primera vez *Las aventuras de Tom Sawyer*. Fue un momento increíble y único para mí. Recuerdo que era a fines del verano y, como solíamos hacer, fuimos a la playa en una camioneta. Hermanos y primos íbamos sentados en la caja. Todos cantaban, gritaban, hacían chistes. Yo leía el *Tom Sawyer*. En la playa, seguí leyendo. No me bañé en el mar, a mi alrededor estaba el caos de los otros chicos de la familia; mi madre, cada tanto, me alcanzaba una masita o un vaso con té. Yo seguía leyendo. Al volver a casa, igual. Leí trece veces ese libro, y cinco veces *Las aventuras de Huckleberry Finn*. Busqué y devoré todo lo que había en Trelew de y sobre Mark Twain. Fue mi primera fascinación literaria, y de ese deslumbramiento con la escritura de Mark Twain nació mi deseo de ser escritor. Siempre soñé con producir un efecto parecido en quienes leyeran mis libros. Espero alguna vez lograrlo. Así que, más que un lector ideal, cuando escribo (sea poesía o narrativa) hay un sueño de producir un efecto.

De todos modos, suele pasarme que, mientras escribo, pienso en una persona, en cómo leería mi texto una persona en particular, una amiga que es poeta (ella no sabe que es mi lectora soñada). Pero eso me sucede involuntariamente, no es intencional. Pienso que debe estar relacionado con el hecho de que ella ama la poesía de manera apasionada e íntegra.

— En mi caso me tocó encontrarme con un libro tuyo en una época anterior a la era de la digitalización de los libros, ahora circulan poemas en Facebook, blogs, instagram, lo que era twitter, podcasts, y no es menor, porque puede que el alcance de la poesía sea otro ya. ¿Leés autores y autoras mediadas por estos espacios? ¿Escribís en ellos? En un momento donde nos preguntamos sobre los modos de leer en general, cómo leemos poesía hoy y cómo escribimos.

Leo mucho en las redes; pero, salvo excepciones, no se trata de algo sistemático: leo lo que me encuentro, lo que se comparte. Me gusta mucho ver lo que emocionó o impresionó a otra persona, los hallazgos de quienes aman la literatura. A veces comparto textos y reflexiones en Facebook e Instagram. Amo el ida y vuelta que se produce en esas redes, porque se parece a la conversación espontánea. Siento que, al menos en el entorno en el que yo me muevo, se habla cada vez menos de literatura, de lo que uno está leyendo o escribiendo; no sé por qué sucede, es como si se hubiera instalado un pudor con respecto a lo artístico o intelectual. Pero de alguna manera las redes sociales suplen esa falta.

— No sabía lo del señalamiento de Carrera con respecto a Trakl, y en esa línea, pensando en las citas y las referencias, por ejemplo, en el *Discurso del contador de gusanos*, hay una cita de Stephen King, en una época donde era alguien que no resonaba como hoy en autores y autoras contemporáneas. ¿Qué sentidos podríamos anunciar con esa cita?

Además es un libro en el que hay dos cuestiones que me llaman la atención: una, la figura del Galgo, y otra, la necesidad de encontrar un método para la escritura. En mi caso me fascina el galgo como animal poético pero aquí sus ladridos son una voz en sí más que un elemento de fondo. ¿Qué tienen los galgos? Y decías antes que es complejo transcribir reflexiones sobre la escritura (y la escritura en un poema), pero aquí hay una mención a un método reflexivo donde nada estaría disperso.

Stephen King es un autor que me gusta desde la adolescencia y, para mí, lo que ha escrito (en la época en la que no trabajaba con un equipo de ghost writers) tiene un gran valor literario. Renovó las técnicas de la narrativa de terror y le dio un gran impulso. Además, y esto es fundamental, gracias a él, mucha gente ingresa en el mundo de la literatura. Siempre leo o releo sus libros. La cita de King ("Di tu nombre doscientas veces seguidas y descubrirás que no tienes"), lo confieso, fue puesta entre los epígrafes de *Discurso del contador de gusanos*, en parte, como una mojada de oreja; pero también porque en ella resuena una de mis obsesiones: la posibilidad de convertirse en nadie, un ser que no tenga nombre, a lo que se suma la sensación de que realmente, debajo de las palabras con las que me han nominado, "Ariel Williams", debajo del yo social, soy nadie, alguien sin nombre.

Los galgos me parecen perros muy bellos; es un placer verlos caminar o correr, es como si fueran en una dimensión más liviana y elegante que los demás animales. Y además, como durante mi adolescencia yo practiqué atletismo y el recuerdo de las horas de entrenamiento, de las competencias, es una impronta muy fuerte (la vivencia del propio cuerpo lanzado a velocidad, la voluntad que hay que crearse para aguantar, sostener el ritmo aunque el cuerpo ya no dé más, la sensación, a veces, de volar, de ser más liviano que el aire), entonces esa experiencia aparece de muchas maneras en lo que escribo, entre ellas, bajo la figura de los galgos. A veces emerge incluso con la forma de un ritmo, una intensidad, un vuelo de la escritura. En la primera parte de *La risa huérfana*, "Vengo de una Galga Mayor", está ese tema también como un homenaje a mi madre, que practicó atletismo conmigo y mis dos hermanas durante varios años.

No me parece complejo realizar reflexiones sobre la escritura, solo que no tengo interés, por ahora, de elaborar una reflexión sistemática. Hasta donde yo puedo ver, la mención del método tiene dos puntas en *Discurso del contador de gusanos*. Una es que todo el libro es una reescritura que oscila entre el homenaje y la parodia de la obra de Descartes; la otra tiene que ver con el tema del nadie, de la nada: siempre he tenido la sensación de que uno de los problemas de nuestra vida es sostenernos sobre una nada que la acecha y la circunda, y de que las rutinas, las prácticas y los métodos son un recurso que hemos inventado para sostenernos ante esa nada. En relación con ese tema, hay un proyecto de libro en el que trabajo desde hace muchos años, cuyo título sería, justamente, *Un método sobre la nada*. Pero es verdad que tal vez, en definitiva, también se trate de una manera metafórica de concebir a la escritura…

— En *Conurbano Sur* hay unos versos que dicen así: "Y la rein, la yuvia, ónde stá, / ánde jue, / con la su su vestidura pálida. / Una yuvia era mucho mucho / sere cayendo". ¿De dónde viene ese tono?, ¿cómo lo construiste? Por ejemplo Daniel Moyano reflexiona sobre la palabra lluvia y su acústica serrana cuando dice: iuvia, pero aquí el origen pareciera ser otro. ¿Cómo llegás a construir esa voz?

Fue un trabajo de cuatro años, que se inició con el libro inédito *Cielorraso & Compañía*. El disparador inicial del proceso de escritura fue, como dije antes, lo que escuché en ese momento terrible de los '90 en el que el gobierno de Menem mandó a implosionar el Albergue Warnes y echó de Plaza Lavalle a los jubilados que estaban haciendo un acampe de protesta: las escenas vistas en esos dos acontecimientos, lo que se decía en los medios, lo que la gente gritaba ante los micrófonos me abrió todo un mundo lingüístico y rítmico. A eso se sumó la experiencia "lenguajera" que yo venía de conocer durante la carrera de Letras (el español antiguo, la poesía en francés, inglés, latín, portugués, etc.) y el haber tenido acceso a la obra de ciertos escritores como Vallejo, Gelman, Thénon, César Bruto, etc. Cuando empecé a trabajar en el proyecto de *Cielorraso & Compañía,* recuerdo que estaba buscando elaborar un mundo-lenguaje que de golpe se me había abierto como un horizonte de posibilidad. Fue largo, fue difícil, hubo que sostenerlo, trabajarlo día a día, pero también fueron cuatro años de gran felicidad. Y llegó un punto en que fluía, podía improvisar con ese mundo-lenguaje. A veces, en determinados momentos, siento que de golpe la lengua se ablanda, tiembla, y entra en ritmos y es atravesada por registros, dialectos, etc.: es algo que suele pasarme cada tanto, y creo que esta experiencia proviene de los cuatro años de trabajo que desembocaron en el libro *Conurbano sur.* O mejor dicho: soy consciente de ese ablandarse y temblar que a veces acontece a la lengua desde los años de escritura de *Cielorraso & Compañía* y *Conurbano sur.*

— Hay un encabalgamiento entre los fragmentos de tu libro *Viaje al anverso*. Es como si fuese un torrente o una creciente de una intensidad que recupera quizá esto que comentabas antes, una búsqueda en las formas del decir que no termina nunca. ¿De dónde provienen las imágenes? ¿Los territorios? ¿La geografía? ¿Pensás en un ritmo del poema o simplemente es un estado como de trance donde el dictado del poeta se deja llevar por una voluntad ciega? ¿Cómo sería?

Esa idea de un torrente de creciente intensidad me parece muy descriptiva de cómo fue escribir *Viaje al anverso*. De alguna manera, fue como haber entrado en una velocidad y en un ritmo que no solo no podían frenarse, sino que permanentemente ganaban intensidad. Creo que se trata de uno de esos momentos en que, en mis textos, reaparece la experiencia del atletismo (a esto ya me lo había señalado un amigo: el escritor Marcelo Eckhardt, que es quien editó el libro). Es posible que algunas partes hayan sido escritas en algo así como un estado de trance; casi siento que fue como un sueño. Pero, en mi caso, no siempre se da de esa manera el proceso de escritura; muchas veces ocurre en un tiempo lento y de mucho trabajo, tanteos, búsquedas pacientes de lenguajes, tonos, ritmos.

Las imágenes y los territorios creo que tienen una base en la experiencia de vivir en la estepa Patagónica: el salir a correr por los campos, los cielos inmensos, los viajes con mi padre, en los que él solía recitarnos poemas de Almafuerte a mí y a mi hermano, la sensación de estar rodeado de un espacio enormísimo en el que todo es posible y, a la vez, parece acechado por la nada. Pero a eso se le suman paisajes soñados, paisajes leídos, vistos en pinturas y películas, etc.: la escritura siempre ocurre en medio de una serie de amalgamas que se hace difícil desentrañar.

— La risa huérfana tiene tu letra manuscrita en la contratapa, y de nuevo aparece esta idea maravillosa del galgo ya en su esplendor, como un atleta, como un ser venido de otro mundo. ¿Hay una poética quizá en esa caligrafía manuscrita borrosa pero con algunas claves o huellas de lectura? ¿Puede ser? ¿Cómo lo podríamos leer? Y también, se me ocurre, se produce una especie de sincretismo entre el paisaje y la voz del poeta, se reúne en un mismo plano aquello que sucede en el exterior con la sensibilidad propia de tus versos. ¿Hay una búsqueda en ello? ¿O simplemente ocurre así? En otras palabras: ¿qué del mundo de los animales y de la naturaleza te llama la atención? Esto último resuena en varios libros como los que mencioné antes o como la distinción entre hombres y no-hombres en *Lomasombra*.

Todo lo que indicás está muy relacionado con lo que yo venía respondiendo antes. Sí, la escritura es una amalgama de experiencias, voces, lecturas; el estilo se trabaja y retrabaja, y al hacerlo se reactivan y se transforman y combinan capas diferentes de experiencias, ritmos, lenguajes, etc.

El mundo de los animales y de la naturaleza fue el horizonte de vivencias de toda mi infancia y adolescencia. Primero, por la tremenda naturaleza en la que me crie, en la que, en medio de los enormes espacios de la estepa, aparecían ciudades, valles con chacras, playas. Y allí, los animales, los insectos, las plantas. La casa de mi infancia estaba en una vieja chacra loteada; allí había arañas (infinidades: los encuentros con arañas eran una gran experiencia en la infancia), lombrices, bichos bolita, hormigas, abejas, mamboretás y saltamontes, gatos, perros, álamos y sauces hermosos, yuyales; estaban el canal de riego y el río; era todo un universo. Y la estepa, con sus grandes extensiones de matorrales, sus animales (¡los grandes corredores, ñandúes y guanacos!); las playas extensísimas; las vacaciones en la Península Valdés, donde había otro mundo de animales: peces, pulpos, vieiras, liebres, yararás... Mi padre y sus amigos hacían caza submarina y a veces nos traían regalos asombrosos, como una vez que volvieron al campamento con un conglomerado de huevos de pulpo que estaba pegado a una vieira. Lo pusimos en una olla con agua de mar y vimos cómo nacían los pulpitos: seres mínimos, casi transparentes, pero ya perfectos, con sus ojos y sus tentáculos, que si les acercabas el dedo emitían una leve nubecita de tinta. Las noches inmensas en la Península, comiendo vieiras y mejillones a la parrilla, o en las que mi padre, sentado ante una gran olla e iluminado por un farol, preparaba chupín de mero para treinta personas.

Pero, además, mi padre era ingeniero agrónomo, así que se dedicó a la crianza de casi todos los animales de chacra y de campo: pollos, cerdos, ovejas, conejos, etc. Y allí no solamente estaba ese mundo de animales encerrados, con sus hedores, con sus cachorros y con su belleza también, sino que además estaba la muerte: desde muy chico vi cómo mi padre mataba animales y los carneaba, y de hecho a veces me tocó hacerlo a mí. Y hace poco me di cuenta de que, en la primera infancia, yo no diferenciaba a los seres humanos de los animales, y entonces ver a mi padre faenando seres vivos fue algo muy fuerte (hasta llegué a soñar que veía una parrilla en la que se asaban pedazos de bebés). Esa experiencia suele aparecer en mi escritura.

Con respecto a la distinción entre hombres y no-hombres que aparece en *Lomasombra*, seguramente se manifiesta allí esa vivencia; pero también, en ese libro, intenté elaborar irónicamente la distinción de los géneros y, además, traté de jugar burlescamente con la universalización de la palabra "hombre" para referirse a la humanidad. El título "Lomasombra" forma parte de ese juego.

Y por último, desde muy chicos, mi hermano y yo siempre trabajamos mucho (mis hermanas tuvieron una infancia y adolescencia más tranquila, pero, aunque en ese momento me hubiera gustado otra cosa, pienso que para mí fue fundamental esa temprana entrada en el mundo del trabajo): ya sea ayudando a mi padre en sus tareas en los campos y chacras, ya sea sembrando y cosechando hortalizas (hacíamos una huerta muy grande todos los veranos), preparando y enfrascando conservas o produciendo miel en un colmenar que llegó a contar con veinte colmenas (algunas terminaron siendo monstruosas: tenían seis pisos o más). Eran abejas muy malas, y cada vez que abríamos su colmena para sacar los cuadros con miel o lo que fuera que hubiera que hacer, nos cubrían el cuerpo completamente buscando picarnos; muchas lo conseguían. Era como estar vestido de abejas. Solamente unas capas de tela nos separaban de la muerte y lo sabíamos. Era como trabajar ante la muerte.

— También más allá de *Los niños de la noche* se recupera el universo de las infancias, pero como una experiencia extraña, fuera de lo común, congelada. ¿Qué hay de la infancia en tus versos? ¿Cómo se narra una mitología familiar en un poema?

Bueno, creo que todo lo que he venido diciendo tiene que ver con esto. La infancia es el territorio de lo extraño, de lo inmenso, de lo bellísimo, de lo terrible. Creo que mucho de lo que escribimos procede, de una o de otra manera, de la infancia. Y creo que, más aun, mucho de lo que sentimos se formó en esa edad abierta a lo numinoso, a lo terrible y a lo hermoso que es la infancia. La crianza, la educación, nos lo escamotea. Y *Los niños de la noche* habla de un momento que las infancias conocen muy bien, que es aquel en el que nos enfrentamos a la catástrofe. Algo contra lo que la cultura intenta protegernos, simulando un estado de permanencia, de seguridad. Los niños no creen en esa seguridad, le temen a lo terrible, saben que está ahí, detrás de la puerta de un ropero, en un animal, en un pozo, en la sonrisa o en la frase siniestra de un adulto. La infancia es la edad absolutamente abierta, a veces a lo que no tiene nombre. Y la educación crea un biombo que nos protege de esa experiencia.

Sin embargo, es uno de los alimentos más importantes de la poesía. Porque la poesía sabe.

La pregunta sobre cómo se narra una mitología familiar es muy interesante. En mi caso, creo que se narra ambivalentemente: al mismo tiempo como una impronta profundísima y como su renegación. De la impronta, ya he venido hablando, y sé que aparece permanentemente en lo que escribo. Por otro lado, está la necesidad de renegar de esa impronta, de inventarse una orfandad, de ser nadie y no venir de nadie. Esta necesidad tiene muchas aristas, que sería muy largo de explicar, pero creo, también, que básicamente hay algo inexplicable en ella, y que tiene que ver centralmente, esencialmente para mí, con la escritura.

— El poeta sería una sombra como cuando se dice: "la soledad es un estado perfecto y único para existir o para morir". ¿O qué sería?: ¿un animal solitario?, ¿qué animal? ¿Qué de tus poemas creés que resuenan en los otros?

Sí, tiene algo de sombra. La actividad del poeta es una especie de anti-día. Y a la vez ocurre en el correr de los días. Pero vive días agujereados; y por esos agujeros puede entrar lo hermoso y lo terrible. Conserva algo de esa apertura al mundo que había en la infancia. Me gusta la idea del animal solitario. Amo el poema "La loba", de Alfonsina Storni. Aunque no me siento identificado con la figura del lobo. Me veo alternativamente como un animal corredor (galgo, ñandú), porque siento que debo huir, y como una lombriz, que vive una vida secreta en el suelo. Correr, hundir la cara en el suelo oscuro y poder agujerearlo: eso es la escritura.

LECTURA DE POEMAS
POR ARIEL WILLIAMS

https://germyd.wixsite.com/ariel-williams/

LIBROS DE ARIEL WILLIAMS

1997   *Viaje al anverso*
       (Trelew, Ediciones del Desierto)

2003   *Lomasombra*
       (CABA, Terraza Libros)

2005   *Conurbano Sur*
       (Neuquén, Editorial Limón)

2008   *Los fronterantes*
       (CABA, El Suri Porfiado Ediciones)

2011   *Discurso del contador de gusanos*
       (CABA, El Suri Porfiado Ediciones)

2014   *Notas de una sombra*
       (Rada Tilly, Ediciones Espacio Hudson)

2016   *La risa huérfana*
       (CABA, Hilos Editora)

2021   *Los niños de la noche*
       (San Carlos de Bariloche, Ediciones Desmesura,
       editado en forma de plaquette)